クイズでスポーツがうまくなる

知ってる？

陸上競技

走る 跳ぶ 投げる

はじめに

陸上競技《りくじょうきょうぎ》は すべてのスポーツの根源《こんげん》

　私《わたし》が陸上競技《りくじょうきょうぎ》を始《はじ》めたのは高校生《こうこうせい》になってからです。中学時代《ちゅうがくじだい》はハンドボール部《ぶ》に所属《しょぞく》していて、陸上競技《りくじょうきょうぎ》の知識《ちしき》が何《なに》もないなかで競技人生《きょうぎじんせい》が始《はじ》まりました。

　専門《せんもん》の先生《せんせい》がいなかったこともあり、県内《けんない》の合宿《がっしゅく》や他校《たこう》の練習《れんしゅう》に参加《さんか》し、いろいろな先生方《せんせいがた》に聞《き》きながら練習《れんしゅう》していました。そういった環境《かんきょう》のなかで大切《たいせつ》だったのが、「自分《じぶん》で考《かんが》える力《ちから》」です。

　陸上競技《りくじょうきょうぎ》をしていて楽《たの》しかったのは、自分《じぶん》の体《からだ》を上手《じょうず》に動《うご》かして、理想《りそう》の走《はし》りを追求《ついきゅう》していく“過程《かてい》”でした。近年《きんねん》は、情報社会《じょうほうしゃかい》ということもあり、「速《はや》く走《はし》るフォームを知《し》りたい！」など、すぐに結果《けっか》を求《もと》めてしまいがち。しかし、答《こた》えが大切《たいせつ》なのではなく、答《こた》えを自《みずか》ら導《みちび》きだして、どうすればたどり着《つ》けるかを考《かんが》える力《ちから》が大切《たいせつ》です。それこそがスポーツの楽《たの》しい部分《ぶぶん》だといえます。

　陸上競技《りくじょうきょうぎ》は、体《からだ》ひとつで勝負《しょうぶ》するスポーツ。体《からだ》をいかにうまく使《つか》えるかが重要《じゅうよう》であり、すべてのスポーツの根源《こんげん》です。本書《ほんしょ》は、たくさん出版《しゅっぱん》されている「ハウツー本《ぼん》」とは異《こと》なり、「どうすれば体《からだ》をうまく動《うご》かせるか」を学《まな》んでいく本《ほん》となっています。本書《ほんしょ》を通《とお》して陸上競技《りくじょうきょうぎ》の基本《きほん》を学《まな》ぶとともに、自分《じぶん》で考《かんが》えながら、体《からだ》を思《おも》いっきり動《うご》かすことの“楽《たの》しさ”を知《し》ってください。

朝原宣治《あさはらのぶはる》

この本《ほん》の使《つか》い方《かた》

この本《ほん》のキャラクター
陸《りく》くん

この本《ほん》では、陸上競技《りくじょうきょうぎ》をするときに、みなさんが疑問《ぎもん》に思《おも》うことや、体《からだ》の使《つか》い方《かた》がうまくなるためのコツ、練習《れんしゅう》のポイントなどをクイズ形式《けいしき》で紹介《しょうかい》していきます。初級《しょきゅう》から上級《じょうきゅう》まで、問題《もんだい》レベルが一目《ひとめ》でわかるようになっています。ぜひ、上級問題《じょうきゅうもんだい》にも答《こた》えられるように挑戦《ちょうせん》してみてください。

問題《もんだい》と答《こた》えのマークについて

クイズのマークです。
初級《しょきゅう》、中級《ちゅうきゅう》、上級《じょうきゅう》に分《わ》かれています

00の答《こた》え

クイズの解答《かいとう》です

そのほかのマークについて

[ヒント]

問題《もんだい》のヒントです。問題《もんだい》がむずかしいときは見《み》てください

[なんで？]

正解《せいかい》の理由《りゆう》、疑問《ぎもん》に思《おも》うポイントをくわしく解説《かいせつ》しています

[ポイント]

競技《きょうぎ》に生《い》かせるワンポイントアドバイスです

[トライ]

競技《きょうぎ》に生《い》かすために、やってみてほしい練習《れんしゅう》です

[用語説明《ようごせつめい》]

陸上競技《りくじょうきょうぎ》の専門用語《せんもんようご》などを解説《かいせつ》しています。用語《ようご》は140ページのさくいんでも調《しら》べられます

[OK]

動作《どうさ》のいい例《れい》です

[NG]

動作《どうさ》の悪《わる》い例《れい》です

もくじ

はじめに …… 2

この本《ほん》の使《つか》い方《かた》 …… 3

第《だい》1章《しょう》　シンプルで奥深《おくぶか》い陸上競技《りくじょうきょうぎ》の基本《きほん》

初 Q01 陸上競技《りくじょうきょうぎ》のなかで実際《じっさい》にある種目《しゅもく》はどれ？ …… 9

初 Q02 トラックはどちら回《まわ》りに走《はし》る？ …… 13

中 Q03 100メートルの世界記録《せかいきろく》は何秒《なんびょう》？ …… 15

初 Q04 スタートの号令《ごうれい》はどれで行《おこな》われる？ …… 19

初 Q05 フライングって何《なん》のこと？ …… 21

コラム　アスリートは体《からだ》が資本《しほん》！ …… 24

中 Q06 レーンは何番《なんばん》まである？ …… 25

中 Q07 体《からだ》のどの部位《ぶい》がフィニッシュラインを越《こ》えたら「ゴール」と認《みと》められる？ …… 27

上 Q08 各年代《かくねんだい》の一番《いちばん》を決《き》める大会名《たいかいめい》を組《く》み合《あ》わせてみよう。 …… 29

第《だい》2章《しょう》　短距離走《たんきょりそう》の基本《きほん》を学《まな》ぼう

初 Q09 トップスプリンターは脚《あし》をどう動《うご》かしている？ …… 33

中 Q10 速《はや》さの基本《きほん》は「　」×「　」で決《き》まる。 …… 35

初 Q11 100メートルのなかで、一番《いちばん》スピードが速《はや》いのはどのあたり？ …… 37

初 Q12 走《はし》っているときの手《て》はどうなっているのがいい？ …… 41

トライ！　基本《きほん》の腕振《うでふ》りを覚《おぼ》えよう …… 42

中 Q13 走《はし》っているときは進《すす》む方向《ほうこう》を向《む》くことが多《おお》いが、その理由《りゆう》は？ …… 43

中 Q14 体《からだ》の軸《じく》がブレないようにするには、何《なん》の位置《いち》を知《し》ることが大切《たいせつ》？ …… 45

トライ！　ボールを持《も》って走《はし》ることで重心《じゅうしん》を感《かん》じてみよう …… 46

中 Q15 力《ちから》を発揮《はっき》できていないフォームはどれ？ …… 47

トライ！　倒《たお》れ込《こ》むイメージで重心移動《じゅうしんいどう》を感《かん》じる …… 49

コラム　体《からだ》を思《おも》い通《どお》りに動《うご》かせる力《ちから》を磨《みが》こう …… 50

第《だい》3章《しょう》　体《からだ》を動《うご》かす感覚《かんかく》を身《み》につけよう

初 Q16 速《はや》く走《はし》るためには何《なに》が必要《ひつよう》でしょうか？ …… 53
トライ！　あぐら座《ずわ》り→立《た》ち上《あ》がり …… 55
コラム　コオーディネーショントレーニングとは？ …… 56
中 Q17 重心《じゅうしん》をうまく前《まえ》に進《すす》めるために
重要《じゅうよう》な部位《ぶい》の名前《なまえ》を答《こた》えましょう。 …… 57
トライ！　ストレッチで可動域《かどういき》を広《ひろ》げる …… 59
初 Q18 体幹《たいかん》がうまく使《つか》えないとどうなる？ …… 61
トライ！　S字《じ》トレーニング …… 63
トライ！　クローリング …… 64
初 Q19 骨盤《こつばん》と体幹《たいかん》を動《うご》かす感覚《かんかく》を身《み》につけるトレーニング
「スラローム走《そう》」はどんな動《うご》き？ …… 65
トライ！　コーン走《そう》 …… 66
トライ！　レッグシフト …… 68
中 Q20 リズムよく走《はし》るために、ある動物《どうぶつ》のマネをして
練習《れんしゅう》します。どの動物《どうぶつ》を選《えら》びますか？ …… 69
トライ！　ギャロップ走《そう》 …… 70
中 Q21 接地《せっち》で大切《たいせつ》なのは、地面《じめん》を……？ …… 71
トライ！　ラディアン …… 73
中 Q22 タイムが出《で》ないこの選手《せんしゅ》、どこがよくない？ …… 75
トライ！　ツイストラン …… 77
まとめ …… 78

第《だい》4章《しょう》　短距離《たんきょり》に挑戦《ちょうせん》しよう

初 Q23 走《はし》るときに利用《りよう》する自然《しぜん》の力《ちから》は？ …… 81
トライ！　変形《へんけい》ダッシュ …… 83
初 Q24 100メートルを走《はし》るとき、
力《ちから》はどのように配分《はいぶん》する？ …… 85
トライ！　切《き》りかえ走《そう》 …… 86
中 Q25 短距離《たんきょり》で有利《ゆうり》なのは……？ …… 89
中 Q26 「スタートから最初《さいしょ》の5歩《ほ》」の目線《めせん》とイメージは？ …… 91
上 Q27 スターティングブロックの足《あし》の配置《はいち》は？ …… 93
トライ！　ブロックをセッティングしてみよう …… 95
トライ！　スタートしてみよう！ …… 96
中 Q28 スタートラインに立《た》ったときに大事《だいじ》なのは？ …… 97
上 Q29 短距離選手《たんきょりせんしゅ》の理想《りそう》の走《はし》り方《かた》って？ …… 99

第《だい》5章《しょう》　跳躍種目《ちょうやくしゅもく》に挑戦《ちょうせん》しよう

初 Q30 跳躍選手《ちょうやくせんしゅ》に必要《ひつよう》なのは？ …… 103

初 Q31 跳躍種目《ちょうやくしゅもく》の4つの流《なが》れとは？
○に漢字《かんじ》かひらがなを入れてみよう。…… 105

初 Q32 走幅跳《はしりはばとび》の踏《ふ》み切《き》りでファールになるのは？…… 107

トライ！ カカトジャンプ …… 109

トライ！ ツーステップのギャロップで
体《からだ》が伸《の》び上《あ》がる感覚《かんかく》をつかむ …… 110

中 Q33 踏《ふ》み切《き》ったとき、ヒザはどの方向《ほうこう》に
向《む》かってとび出《だ》す？ …… 111

トライ！ スキップでとび出《だ》すイメージをつくる …… 112

中 Q34 ジャンプしたあと、着地《ちゃくち》するまでの空中《くうちゅう》で、
何《なに》を考《かんが》える？ …… 113

トライ！ フットタッチで空中動作《くうちゅうどうさ》を身《み》につける …… 114

中 Q35 砂場《すなば》に着地《ちゃくち》するとき、大切《たいせつ》なのは？ …… 116

トライ！ 着地《ちゃくち》を分割《ぶんかつ》して練習《れんしゅう》しよう …… 118

中 Q36 助走《じょそう》をしていて踏《ふ》み切《き》りが
合《あ》わなそうだったら……？ …… 119

トライ！ ミニハードル連続《れんぞく》ジャンプ⬇踏《ふ》み切《き》り …… 120

第《だい》6章《しょう》　投《とう》てき種目《しゅもく》に挑戦《ちょうせん》しよう

初 Q37 物《もの》を遠《とお》くに飛《と》ばすために、
はじめに力《ちから》を出《だ》すのはどこ？ …… 123

トライ！ ワンステップ・バイハンドスローで
全身《ぜんしん》を使《つか》って投《な》げる感覚《かんかく》を知《し》ろう …… 126

中 Q38 体《からだ》の〝しなり〟に一番近《いちばんちか》いのは？ …… 127

トライ！ 足《あし》をそろえたバイハンドスローで
体《からだ》のしなりを感《かん》じよう …… 128

中 Q39 「スナップをきかせる」とは
手首《てくび》をどういう風《ふう》にすること？ …… 129

トライ！ 下手《したて》ボールパスで手首《てくび》のスナップを使《つか》う …… 130

中 Q40 スナップをきかせるためには、ヒジが
どうなっている瞬間《しゅんかん》にボールをリリースする？ …… 131

トライ！ ヒジを固定《こてい》して投《な》げてみよう …… 132

中 Q41 指先《ゆびさき》までボールに力《ちから》を伝《つた》えるためには、
ボールをどちら向《む》きに持《も》つ？ …… 133

トライ！ ワンステップでボールを
外側《そとがわ》に握《にぎ》って投《な》げる …… 134

中 Q42 ジャベリックボールを投《な》げるとき、
目線《めせん》はどこに向《む》ける？ …… 136

トライ！ ジャベリックボールを投《な》げてみよう …… 139

さくいん（用語集《ようごしゅう》） …… 140

おわりに …… 142

第《だい》 1 章《しょう》

シンプルで奥深《おくぶか》い
陸上競技《りくじょうきょうぎ》の基本《きほん》

体《からだ》ひとつで勝負《しょうぶ》するアスリートたち

陸上《りくじょう》が好《す》きになればなるほど、記録《きろく》は短縮《たんしゅく》できるもの

　陸上競技《りくじょうきょうぎ》は、長《なが》い歴史《れきし》を持《も》ち、体《からだ》ひとつで勝負《しょうぶ》することから「スポーツの原点《げんてん》」ともいわれています。特《とく》に短距離《たんきょり》は、「だれが一番速《いちばんはや》いか」というシンプルな競技《きょうぎ》で、だれもがあこがれるもの。ルール自体《じたい》もシンプルなものが多《おお》いです。

　練習《れんしゅう》やテクニックに取《と》りかかる前《まえ》に、まずは、陸上競技《りくじょうきょうぎ》の基礎知識《きそちしき》と、短距離《たんきょり》のルールや歴史《れきし》を学《まな》んでみましょう。みなさんはどれくらい、陸《りく》上競技《じょうきょうぎ》のことを知《し》っていますか？　いろいろな知識《ちしき》を身《み》につければ、さらに陸上競技《りくじょうきょうぎ》、短距離《たんきょり》が好《す》きになり、好《す》きになれば記録《きろく》もどんどん短縮《たんしゅく》できます！

問題《もんだい》 初級《しょきゅう》

01

陸上競技《りくじょうきょうぎ》のなかで実際《じっさい》にある種目《しゅもく》はどれ？

1 100メートル

2 700メートル

3 マラソン

4 射撃《しゃげき》

5 自転車《じてんしゃ》

6 走幅跳《はしりはばとび》

7 跳《と》び箱《ばこ》

8 つり輪《わ》

9 砲丸投《ほうがんなげ》

10 やり投《なげ》

11 重量挙《じゅうりょうあ》げ

ヒント
hint

陸上競技《りくじょうきょうぎ》の基本《きほん》は、「走《はし》る、跳《と》ぶ、投《な》げる」です。

答《こた》えがわかったらページをめくってね

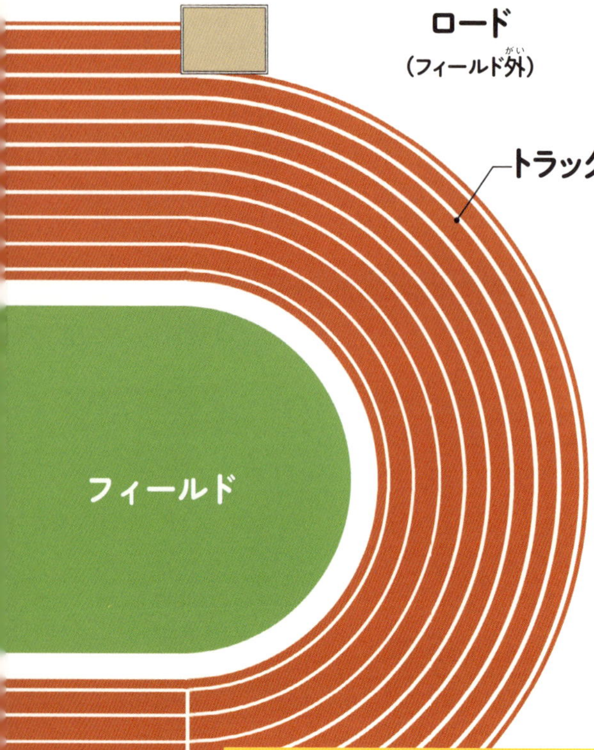

01の答《こた》え

▼

1 100メートル

3 マラソン

6 走幅跳《はしりはばとび》

9 砲丸投《ほうがんなげ》

10 やり投《なげ》

■ フィールド種目《しゅもく》

跳《ちょう》躍《やく》…走高跳《はしりたかとび》、棒高跳《ぼうたかとび》、走幅跳《はしりはばとび》、三段跳《さんだんとび》
投《とう》てき…砲丸投《ほうがんなげ》、円盤投《えんばんなげ》、ハンマー投《なげ》、やり投《なげ》
混《こん》成《せい》…十種競技《じゅっしゅきょうぎ》（男子《だんし》）、七種競技《ななしゅきょうぎ》（女子《じょし》）

■ ロード種目《しゅもく》

マラソン（42.195キロ）
競《きょう》歩《ほ》…50キロ競歩《きょうほ》（男子《だんし》）、20キロ競歩《きょうほ》（男女《だんじょ》）

陸上競技《りくじょうきょうぎ》は スポーツの“原点《げんてん》”

　紀元前《きげんぜん》776年《ねん》に行《おこな》われたといわれる第《だい》1回《かい》古代《こだい》オリンピックでも走種目《そうしゅもく》が実施《じっし》され、近代《きんだい》オリンピックでも陸上競《りくじょうきょう》技《ぎ》はとても人気《にんき》があります。

　陸上競技《りくじょうきょうぎ》は体《からだ》ひとつで、だれが一番速《いちばんはや》いか、だれが一番《いちばん》跳《と》べるか、だれが一番遠《いちばんとお》くに投《な》げるかを競《きそ》うもので、実《じつ》にシンプルです。いろいろな種《しゅ》目《もく》があるため、短《みじか》い距離《きょり》を走《はし》るのが苦手《にがて》でもマラソンが得《とく》意《い》だったり、物《もの》を遠《とお》くに投《な》げるのが得意《とくい》だったり、個々《ここ》の特性《とくせい》を生《い》かした種目《しゅもく》で勝負《しょうぶ》できます。

たくさんの種目《しゅもく》がある

陸上 競技《りくじょうきょうぎ》にはたくさんの種目《しゅもく》があります。
大《おお》まかな分類《ぶんるい》と、オリンピックで実施《じっし》されている種目《しゅもく》はこちらです。

■ トラック種目《しゅもく》

短距離《たんきょり》…100メートル、200メートル、400メートル
中距離《ちゅうきょり》…800メートル、1500メートル
長距離《ちょうきょり》…5000メートル、10000メートル
障　害《しょうがい》…110（100）メートルハードル、400メートルハードル、3000メートル障害《しょうがい》
リレー…4×100メートルリレー、4×400メートルリレー

トラックの種類《しゅるい》

トラックには主《おも》に２種類《しゅるい》あります。「オールウェザートラック（全天候型《ぜんてんこうがた》）」と「アンツーカトラック（土《つち》）」です。

以前《いぜん》は土《つち》のトラックが多《おお》かったのですが、現在《げんざい》ではほとんどの競技場《きょうぎじょう》が全天候《ぜんてんこう》型《がた》トラックを採用《さいよう》しています。オールウェザーは、茶色《ちゃいろ》や青色《あおいろ》のゴムのトラックです。反発力《はんぱつりょく》が強《つよ》いので推進力《すいしんりょく》は出《で》ますが、硬《かた》いため脚《あし》への負担《ふたん》は大《おお》きいです。

一方《いっぽう》の土《つち》のグラウンドは、跳《は》ねにくいですが脚《あし》への負担《ふたん》は小《ちい》さいです。小《しょう》・中《ちゅう》学生《がくせい》くらいの間《あいだ》は体《からだ》ができていないので、練習《れんしゅう》ではケガのリスクを減《へ》らすために、土《つち》をメインに行《おこな》うのがおすすめです。

また、練習《れんしゅう》や試合《しあい》で足裏《あしうら》にピンがついているシューズ「スパイク」を履《は》く選手《せんしゅ》もいますが、練習《れんしゅう》では負担《ふたん》が大《おお》きいため、体《からだ》ができる高校生《こうこうせい》くらいまでは、なるべくウォームアップシューズ（ランニングシューズ）で練習《れんしゅう》しましょう。

▲アンツーカトラック

▲オールウェザートラック

これ知《し》ってる？

年代《ねんだい》によって開催種目《かいさいしゅもく》が違《ちが》う

オリンピック種目《しゅもく》だけでなく、年代《ねんだい》に合《あ》わせた種目《しゅもく》もあります。小学生《しょうがくせい》で行《おこな》われている80メートルハードルやソフトボール投《な》げ、ジャベリックスロー（やり投《なげ》の練習《れんしゅう》道具《どうぐ》を投《な》げる競技《きょうぎ》）など、さまざまです。あまり早《はや》い段階《だんかい》で種目《しゅもく》を絞《しぼ》らず、いろいろな種目《しゅもく》に取《と》り組《く》んでみてください。

問題《もんだい》 02

初級《しょきゅう》

トラックはどちら回《まわ》りに走《はし》る？

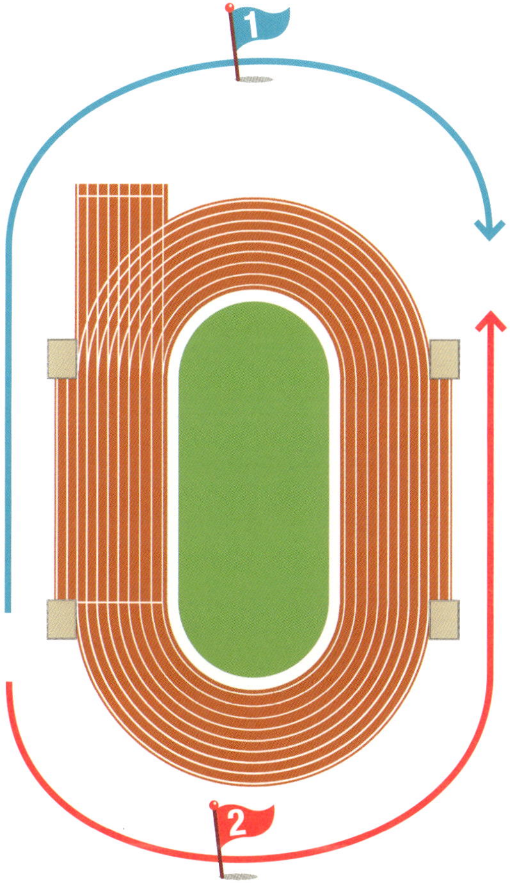

1 時計回《とけいまわ》り

2 反時計回《はんとけいまわ》り

ヒント
hint

トラックは1周《しゅう》400メートルです。100メートルは直線《ちょくせん》、200メートルだとカーブがあります。

答《こた》えがわかったらページをめくってね

02の答《こた》え ▼

反時計回《はんとけいまわ》り

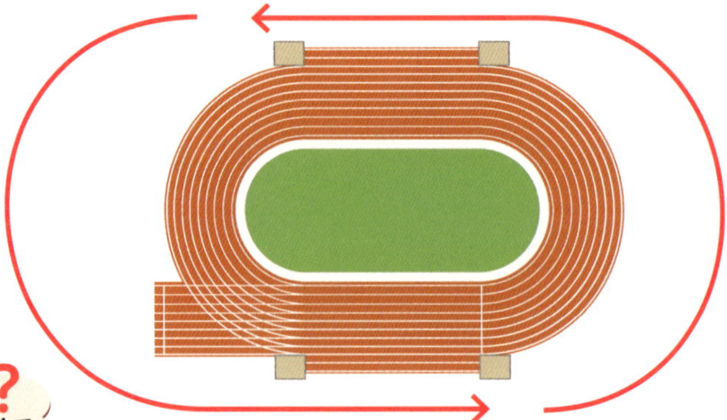

国際《こくさい》ルールで統一《とういつ》されている

短距離《たんきょり》の種目《しゅもく》は、主《おも》に100メートル、200メートル、400メートルのことを指《さ》します。100メートルが直線《ちょくせん》のレース、200メートルはコーナーからスタートして直線《ちょくせん》でのフィニッシュです。400メートルはコーナーからスタートし、トラックを1周回《しゅうまわ》ってゴールとなります。

カーブを曲《ま》がる、もしくはトラックを周回《しゅうかい》する種目《しゅもく》では、必《かなら》ず反時計《はんとけい》回《まわ》りに走《はし》ります。自分《じぶん》の得意《とくい》な距離《きょり》を見《み》つけましょう。

これ知《し》ってる？ 追《お》い風《かぜ》参考《さんこう》記録《きろく》ってなに？

陸上競技《りくじょうきょうぎ》は外《そと》で行《おこな》われるため、気象条件《きしょうじょうけん》によって結果《けっか》が左右《さゆう》されることがあります。特《とく》に影響《えいきょう》を受《う》けるとされているのが直線系《ちょくせんけい》の短距離《たんきょり》や跳躍種目《ちょうやくしゅもく》です。追《お》い風《かぜ》で2.0メートルまでは公認記録《こうにんきろく》として認《みと》められますが、2.1メートル以上《いじょう》は「追《お》い風参考記《かぜさんこうき》録《ろく》」となります。ちなみに、向《む》かい風《かぜ》の場《ば》合《あい》はどれだけ強《つよ》くても記録《きろく》に反映《はんえい》されることはありません。

追《お》い風参考記録《かぜさんこうきろく》になる種目《しゅもく》

- 100メートル
- 200メートル
- 110メートルハードル
- 100メートルハードル
- 走幅跳《はしりはばとび》
- 三段跳《さんだんとび》

問題《もんだい》

03

中級《ちゅうきゅう》

100メートルの世界記録《せかいきろく》は何秒《なんびょう》？

ヒント

hint

ちなみに日本記録《にほんきろく》は1998年《ねん》に伊東浩司選手《いとうこうじせんしゅ》が樹《じゅ》立《りつ》した10秒《びょう》00です。「10秒《びょう》の壁《かべ》」という言葉《ことば》を聞《き》いたことはありますか？

答《こた》えがわかったらページをめくってね

なんで

ウサイン・ボルトが樹立《じゅりつ》した世界記録《せかいきろく》

世界的《せかいてき》には、アメリカとジャマイカが「短距離王国《たんきょりおうこく》」と呼《よ》ばれ、世界《せかい》記録保持者《きろくほじしゃ》や世界大会《せかいたいかい》のメダリストをたくさん生《う》んでいます。100メートルの世界記録《せかいきろく》を樹立《じゅりつ》したのはウサイン・ボルト選手《せんしゅ》。ジャマイカの選《せん》手《しゅ》です。

日本《にほん》の男子《だんし》は、まだ夢《ゆめ》の９秒台選手《びょうだいせんしゅ》こそいませんが、アメリカやジャマイカに続《つづ》く短距離強豪国《たんきょりきょうごうこく》です。特《とく》にリレー種目《しゅもく》に強《つよ》く、正確《せいかく》なバトンパスを武器《ぶき》に、４×100メートルリレーでは、2008年北京《ねんぺきん》オリンピックで銅《どう》メダル（銀《ぎん》メダルに繰《く》り上《あ》げの見通《みとお》し）、2016年《ねん》リオデジャネイロオリンピックで銀《ぎん》メダル、2017年《ねん》ロンドン世界選手権《せかいせんしゅけん》で銅《どう》メダルを獲得《かくとく》しています。

POINT

「10秒《びょう》の壁《かべ》」突破《とっぱ》を夢見《ゆめみ》て

男子《だんし》100メートルで、世界《せかい》トップ選手《せんしゅ》のひとつの目標《もくひょう》といえるのが「９秒台《びょうだい》」で走《はし》ること。10秒台《びょうだい》で走《はし》れても９秒台《びょうだい》で走《はし》れない、という選《せん》手《しゅ》が多《おお》いことから「10秒《びょう》の壁《かべ》」と呼《よ》ばれています。

人類《じんるい》で初《はじ》めて９秒台《びょうだい》をマークしたのは、アメリカのジム・ハインズ選《せん》手《しゅ》です。1968年《ねん》に、アメリカの大会《たいかい》で９秒《びょう》９（手動《しゅどう》）、夏《なつ》のメキシコシティオリンピックで９秒《びょう》95（電動《でんどう》）を記録《きろく》しています。日本人選手《にほんじんせんしゅ》は10秒《びょう》の壁《かべ》をなかなか突破《とっぱ》できずにいますが、近年《きんねん》、レベルが飛躍的《ひやくてき》に上《あ》がってきています。目標達成《もくひょうたっせい》は目前《もくぜん》です。

03の答《こた》え

▼

9秒《びょう》58

これ知《し》ってる？

100メートルの各年代別《かくねんだいべつ》の記録《きろく》
めざせ世界記録《せかいきろく》！日本新記録《にほんしんきろく》！

男子《だんし》100m

学年別最高記録《がくねんべつさいこうきろく》

小《しょう》5	12秒《びょう》51	松岡瑠以《まつおかるい》 選手《せんしゅ》	1997年《ねん》
小《しょう》6	11秒《びょう》73	山本慎吾《やまもとしんご》 選手《せんしゅ》	1997年《ねん》
中《ちゅう》1	11秒《びょう》16	山本慎吾《やまもとしんご》 選手《せんしゅ》	1998年《ねん》
中《ちゅう》2	10秒《びょう》75	宮本大輔《みやもとだいすけ》 選手《せんしゅ》	2014年《ねん》
中《ちゅう》3	10秒《びょう》56	宮本大輔《みやもとだいすけ》 選手《せんしゅ》	2014年《ねん》
高《こう》1	10秒《びょう》45	サニブラウン・アブデル・ハキーム 選手《せんしゅ》	2014年《ねん》
高《こう》2	10秒《びょう》19	桐生祥秀《きりゅうよしひで》 選手《せんしゅ》	2012年《ねん》
高《こう》3	10秒《びょう》01	桐生祥秀《きりゅうよしひで》 選手《せんしゅ》	2013年《ねん》

女子100m

学年別最高記録《がくねんべつさいこうきろく》

小《しょう》5	13秒《びょう》03	本間南《ほんまみなみ》 選手《せんしゅ》	1996年《ねん》
小《しょう》6	12秒《びょう》73	本間南《ほんまみなみ》 選手《せんしゅ》	1997年《ねん》
中《ちゅう》1	12秒《びょう》01	天城帆乃香《あまぎほのか》 選手《せんしゅ》	2011年《ねん》
中《ちゅう》2	11秒《びょう》89	土井杏南《どいあんな》 選手《せんしゅ》	2009年《ねん》
中《ちゅう》3	11秒《びょう》61	土井杏南《どいあんな》 選手《せんしゅ》	2010年《ねん》
高《こう》1	11秒《びょう》60	土井杏南《どいあんな》 選手《せんしゅ》	2011年《ねん》
高《こう》2	11秒《びょう》43	土井杏南《どいあんな》 選手《せんしゅ》	2012年《ねん》
高《こう》3	11秒《びょう》54	高橋萌木子《たかはしももこ》 選手《せんしゅ》	2006年《ねん》

これ知《し》ってる？

100 メートルの記録《きろく》の変遷《へんせん》

陸上男子《りくじょうだんし》 100 mの世界記録《せかいきろく》・日本記録《にほんきろく》の推移《すいい》

(資料《しりょう》)東京新聞《とうきょうしんぶん》(2014.1.5、2014.1.7、2015.3.30)

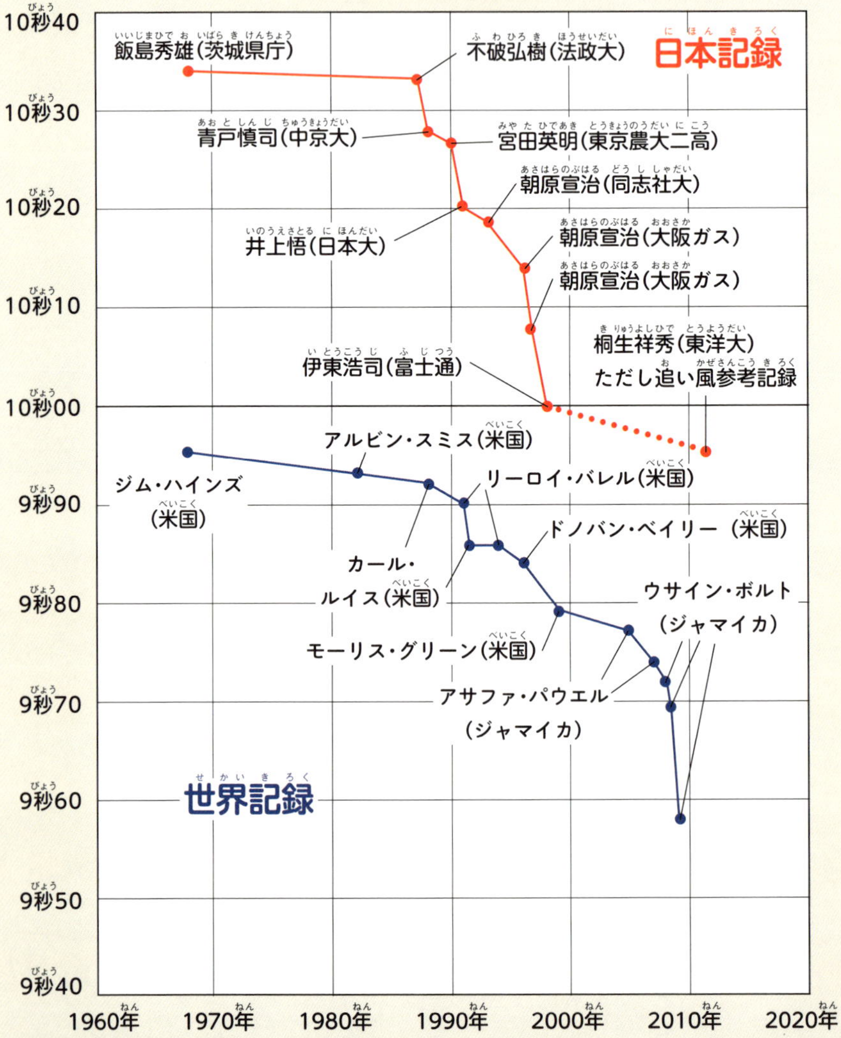

▲このグラフは、日本記録《にほんきろく》と世界記録《せかいきろく》の移《うつ》り変《か》わりを表《あらわ》しています。世界《せかい》との差《さ》が開《ひら》いてきていますので、まずは日本記録《にほんきろく》の更新《こうしん》が期待《きたい》されています。

問題《もんだい》 04 初級《しょきゅう》

スタートの号令《ごうれい》はどれで行《おこな》われる？

1 フラッグ

2 ピストル

3 信号《しんごう》

＼ヒント／
hint

スタートのとき、選手《せんしゅ》は下《した》を向《む》いています。

 答《こた》えがわかったらページをめくってね

04の答《こた》え ▼ 2 ピストル

なんで

耳《みみ》でスタートの合図《あいず》を知《し》る

陸上競技《りくじょうきょうぎ》のスタートはピストルを使《つか》って行《おこな》われます。世界大会《せかいたいかい》は最新《さいしん》技術《ぎじゅつ》で電子音《でんしおん》を使《つか》うこともあります。選手《せんしゅ》はピストルの音《おと》を聞《き》いてからスタートしています。

これ知《し》ってる？

スタート前《まえ》の合図《あいず》

体育《たいいく》で短距離《たんきょり》を測《はか》るときは「位置《いち》について、よーい……ドンッ！」と声《こえ》を掛《か》けてスタートしていることが多《おお》いです。陸上競技《りくじょうきょうぎ》では、小学生《しょうがくせい》の大会《たいかい》を除《のぞ》いて、「オンユアマークス（位置《いち》について）、セット（よーい）……」と合図《あいず》があり、ピストルが鳴《な》らされます。

問題《もんだい》

05

初級《しょきゅう》

フライングって何《なん》のこと?

1 スタートで勢《いきお》いよく飛《と》び出《だ》すこと

2 スタートで遅《おく》れてしまうこと

3 スタートでピストルが鳴《な》る前《まえ》に動《うご》くこと

ヒント
hint

フライングをしてしまうと、失格《しっかく》です。

答《こた》えがわかったらページをめくってね

05の答《こた》え

3

スタートでピストルが鳴《な》る前《まえ》に動《うご》くこと

なんで

公平《こうへい》なレースにするため
フライングは失格《しっかく》になる

　フライングとは、「不正《ふせい》スタート」のことです。ピストルの合図《あいず》が鳴《な》る前《まえ》に動《うご》いてしまうとフライングと判定《はんてい》され、失格《しっかく》となります。

　また、スタートの合図《あいず》であるピストルが鳴《な》ってから、0.1秒未満《びょうみまん》(0.099秒《びょう》から速《はや》く）に動《うご》いてしまってもフライングと判定《はんてい》されます。どうして0.1秒未満《びょうみまん》かというと、科学的《かがくてき》に人間《にんげん》が音《おと》を聞《き》いて反応《はんのう》するのには最低《さいてい》0.1秒《びょう》かかるといわれているからです。

「2回目《かいめ》のフライングで失格《しっかく》」というルールも以前《いぜん》はありましたが、何度《なんど》かルール変更《へんこう》を経《へ》た現在《げんざい》は、主《おも》な公式大会《こうしきたいかい》では「1回《かい》の不正《ふせい》スタートで失格《しっかく》」となることが多《おお》いです。

これ知《し》ってる？

スタートの種類《しゅるい》

　主《おも》なスタートは2種類《しゅるい》です。陸上競技《りくじょうきょうぎ》の公式《こうしき》の試合《しあい》では、100メートル、200メートル、400メートルといった短距離種目《たんきょりしゅもく》はすべてクラウチングスタートで行《おこな》われます。足《あし》を置《お》くために用意《ようい》されたスターティングブロックがフライング判定《はんてい》の機械《きかい》とつながっているため、スタートの合図《あいず》から0.1秒未満《びょうみまん》にブロックに力《ちから》が加《くわ》えられると、審判《しんぱん》に「フライング」と信号《しんごう》が送《おく》られます。

　また、ブロックに力《ちから》が加《くわ》わっていなくても、明《あき》らかにピストルよりも早《はや》く体《からだ》が動《うご》いてしまってもフライング失格《しっかく》となることがありますので、慎重《しんちょう》かつダイナミックなスタートができるように練習《れんしゅう》しましょう。

　800メートル、1500メートルなど中長距離種目《ちゅうちょうきょりしゅもく》はスタンディングスタートで行《おこな》われます。その場合《ばあい》、審判《しんぱん》の目《め》でフライングかどうか判定《はんてい》を行《おこな》っています。

スタンディングスタート

▲立《た》った状態《じょうたい》で構《かま》え、少《すこ》し前《まえ》かがみになってスタートを切《き》る

クラウチングスタート

▲両手《りょうて》をついて、脚《あし》を前後《ぜんご》に開《ひら》いて、前傾姿勢《ぜんけいしせい》からスタート。脚《あし》をのせているのが「スターティングブロック」

コラム

アスリートは体《からだ》が資本《しほん》！

体《からだ》ひとつで戦《たたか》うアスリートにとって、一番大切《いちばんたいせつ》なものは自分《じぶん》の体《からだ》です。健康《けんこう》で丈夫《じょうぶ》な体《からだ》をつくるためには、食事《しょくじ》と休養《きゅうよう》（睡眠《すいみん》）が不可欠《ふかけつ》です。いくら厳《きび》しい練習《れんしゅう》をしても、体《からだ》が丈夫《じょうぶ》でないとケガをしますし、身《み》になりません。栄養《えいよう》バランスのいい食事《しょくじ》を３食欠《しょくか》かさないようにし、早寝早起《はやねはやお》きを心《こころ》がけましょう。

また、普段《ふだん》から炭水化物《たんすいかぶつ》をしっかりと摂《と》るのがおすすめです。炭水化物《たんすいかぶつ》は運動《うんどう》するときに大切《たいせつ》なエネルギー源《げん》になります。炭水化物《たんすいかぶつ》はグリコーゲンとして筋肉《きんにく》に蓄積《ちくせき》されます。グリコーゲンが減《へ》ってくると、脳内《のうない》のエネルギーが不足《ふそく》し、スタミナ切《ぎ》れを起《お》こして体《からだ》が動《うご》かなくなります。

試合当日《しあいとうじつ》は、食《た》べやすく、消化《しょうか》のよいものを食《た》べましょう。おにぎりなどの炭水化物《たんすいかぶつ》、果物《くだもの》やゼリーなど手軽《てがる》に食《た》べられるものもおすすめです。満腹《まんぷく》になり過《す》ぎると動《うご》けませんので注意《ちゅうい》しましょう。

問題《もんだい》 06
中級《ちゅうきゅう》

レーンは内側《うちがわ》から1、2、3……と番号《ばんごう》が振《ふ》られている。では、何番《なんばん》まで存在《そんざい》する？

同時《どうじ》にスタートするのは
何人《なんにん》だっけ……？

\ヒント/
hint

トラックには線《せん》で区切《くぎ》られた「レーン」と呼《よ》ばれる区画《くかく》があります。選手《せんしゅ》それぞれが決《き》められたレーンを走《はし》るのです。

06の答《こた》え ▼ 8もしくは9

▶ほかのレーンに入《はい》らないように注意《ちゅうい》しよう

なんで

陸上競技《りくじょうきょうぎ》のトラックは基本的《きほんてき》に8レーンまたは9レーンと決《き》まっている

　レーンの幅《はば》は122センチまたは125センチです。100メートルでは、予選《よせん》や持《も》ちタイムなどによって1～8レーンに振《ふ》り分《わ》けられ、4、5、6レーンに速《はや》い選手《せんしゅ》が集《あつ》まることが多《おお》いです。内側《うちがわ》と外側《そとがわ》でそれほど大差《たいさ》はありませんが、横《よこ》にライバルがいるほうが競《せ》り合《あ》いになって力《ちから》が発揮《はっき》できたり、風《かぜ》の影響《えいきょう》を内側《うちがわ》のほうが受《う》けにくかったり……という特徴《とくちょう》があります。

　走《はし》るレーンは決《き》まっているため、ほかの選手《せんしゅ》のレーンに入《はい》って妨害《ぼうがい》してしまうと失格《しっかく》になります。真《ま》っすぐに走《はし》りましょう。

これ知《し》ってる？　ひとつのレーンに2人《ふたり》⁉

　例《たと》えば800メートルでは、1レーンに2《ふた》人《り》の選手《せんしゅ》が入《はい》ってスタートすることがあります。8レーンしかない競技場《きょうぎじょう》で9人《にん》が1組《くみ》としてレースをする場合《ばあい》などです。なお120メートルの時点《じてん》からオープンレーン（レーンが解除《かいじょ》されて内側《うちがわ》に入《はい》ることができる）となります。

　また、例外《れいがい》として、短距離《たんきょり》でもほかの選手《せんしゅ》のレーンに入《はい》って失格《しっかく》にならない場合《ばあい》があります。例《たと》えば200メートルです。コーナーではかなり強《つよ》い遠心力《えんしんりょく》がかかります。外側《そとがわ》のレーンにはみ出《で》てしまった場合《ばあい》でも、隣《となり》のレーンの選手《せんしゅ》が「妨害《ぼうがい》された！」と抗議《こうぎ》しなければ、そのまま結果《けっか》として残《のこ》ることもあります。外側《そとがわ》に流《なが》れると200メートルよりも長《なが》い距離《きょり》を走《はし》ることになるので、認《みと》められるようです。ただし、内側《うちがわ》に入《はい》った場合《ばあい》は、200メートルよりも短《みじか》い距離《きょり》になるので妨害《ぼうがい》のある・なしに関係《かんけい》なく失格《しっかく》になります。

　いずれにせよ、自分《じぶん》のレーンを守《まも》ってしっかり走《はし》りましょう！

問題《もんだい》 07
中級《ちゅうきゅう》

体《からだ》のどの部位《ぶい》がフィニッシュラインを越《こ》えたら「ゴール」と認《みと》められる？

1 頭《あたま》が越《こ》えた瞬間《しゅんかん》

2 手が越《こ》えた瞬間《しゅんかん》

3 上半身《じょうはんしん》が越《こ》えた瞬間《しゅんかん》

4 足《あし》が越《こ》えた瞬間《しゅんかん》

\ヒント/
hint

スライディングする人《ひと》はめったにいませんよね。ちなみに競馬《けいば》では、馬《うま》の鼻先《はなさき》がゴール板《ばん》を越《こ》えた瞬間《しゅんかん》で順位《じゅんい》を判定《はんてい》します。

答《こた》えがわかったらページをめくってね

07の答《こた》え

3

上半身《じょうはんしん》が越《こ》えた瞬間《しゅんかん》

なんで

トルソー部分《ぶぶん》で判定《はんてい》するから

選手《せんしゅ》がゴールしたと認《みと》められるのは胴体《どうたい》（＝トルソー）がフィニッシュラインを越《こ》えた瞬間《しゅんかん》と決《き》められています。そのため、頭《あし》や足《あし》が先《さき》にフィニッシュラインを越《こ》えてもゴールとしては認《みと》められません。

ゴール直前《ちょくぜん》で競《せ》り合《あ》いになると、選手《せんしゅ》たちが胸《むね》を突《つ》き出《だ》してゴールするシーンが見《み》られるのはそのためです。もちろん、トルソーを突《つ》き出《だ》すのはテクニックでもありますが、まずは最後《さいご》までリラックスして走《はし》り抜《ぬ》けることを心《こころ》がけましょう。

POINT

試合《しあい》の日《ひ》の過《す》ごし方《かた》

試合《しあい》はレース１本《ぼん》で終《お》わる場合《ばあい》もあれば、予選《よせん》・準決勝《じゅんけっしょう》・決勝《けっしょう》と３本《ぼん》走《はし》ったり、リレーと兼《か》ねたりすることもあります。

ねらったレースに調子《ちょうし》のピークがくるように動《うご》き出《だ》しましょう。少《すく》なくとも、最初《さいしょ》のレースの４、５時間前《じかんまえ》には起《お》きて、朝食前《ちょうしょくまえ》に散歩《さんぽ》するなど少《すこ》し体《からだ》を動《うご》かします。朝食後《ちょうしょくご》は、１本目《ぼんめ》のレースに合《あ》わせてストレッチなどのウォームアップを開始《かいし》しましょう。

また、試合《しあい》のあとはクールダウンなどのケアも忘《わす》れずに。ベストの走《はし》りができるような調整法《ちょうせいほう》を自分《じぶん》なりに確立《かくりつ》していけるといいですね。

第《だい》1章《しょう》
シンプルで奥深《おくぶか》い陸上競技《りくじょうきょうぎ》の基本《きほん》

問題《もんだい》 08 上級《じょうきゅう》

各年代《かくねんだい》の一番《いちばん》を決《き》める大会名《たいかいめい》を組《く》み合《あ》わせてみよう。

1 世界一決定戦《せかいいちけっていせん》

2 日本一決定戦《にほんいちけっていせん》

3 大学一決定戦《だいがくいちけっていせん》

4 高校一決定戦《こうこういちけっていせん》

5 中学一決定戦《ちゅうがくいちけっていせん》

6 小学生一決定戦《しょうがくせいいちけっていせん》

あ オリンピック

い インカレ

う 全日本中学校選手権《ぜんにほんちゅうがっこうせんしゅけん》

え インターハイ

お 全国小学生陸上《ぜんこくしょうがくせいりくじょう》

か 日本選手権《にほんせんしゅけん》

き 世界選手権《せかいせんしゅけん》

ヒント hint
ほとんどが夏《なつ》から秋《あき》に行《おこな》われます。

答《こた》えがわかったらページをめくってね

08の答《こた》え

1 世界一決定戦《せかいいちけっていけん》 → あ オリンピック、き 世界選手権《せかいせんしゅけん》

2 日本一決定戦《にほんいちけっていせん》 → か 日本選手権《にほんせんしゅけん》

3 大学一決定戦《だいがくいちけっていせん》 → い インカレ

4 高校一決定戦《こうこういちけっていせん》 → え インターハイ

5 中学一決定戦《ちゅうがくいちけっていせん》 → う 全日本中学校選手権《ぜんにほんちゅうがっこうせんしゅけん》

6 小学生一決定戦《しょうがくせいいちけっていせん》 → お 全国小学生陸上《ぜんこくしょうがくせいりくじょう》

　小学生《しょうがくせい》は、夏《なつ》に行《おこな》われる全国小学生陸上《ぜんこくしょうがくせいりくじょう》交流大会《こうりゅうたいかい》が一番大《いちばんおお》きな大会《たいかい》です。各都道府《かくとどうふ》県《けん》の予選《よせん》を勝《か》ち抜《ぬ》いた選手《せんしゅ》が出場《しゅつじょう》できます。中学生《ちゅうがくせい》は、全日本中学校選手権大会《ぜんにほんちゅうがっこうせんしゅけんたいかい》（全日《ぜんにっ》中《ちゅう》、全中《ぜんちゅう》）が開催《かいさい》されています。

　このほか、都道府県《とどうふけん》・市町村《しちょうそん》の大会《たいかい》や練《れん》習試合《しゅうじあい》ともいえる記録会《きろくかい》など、１年中《ねんじゅう》たくさんの試合《しあい》が行《おこな》われています。

　陸上競技《りくじょうきょうぎ》は、だれが一番速《いちばんはや》いか、だれが一番跳《いちばんと》んだか、だれが一番投《いちばんな》げたか、結果《けっか》がわかりやすく、シンプルなスポーツです。それでいて、体《からだ》ひとつを使《つか》って、細《こま》かな技《ぎ》術《じゅつ》やテクニックが必要《ひつよう》とされるとても奥深《おくぶか》いものです。４年《ねん》に一度《いちど》開催《かいさい》されるスポーツの祭典《さいてん》「オリンピック」では、陸上競技《りくじょうきょうぎ》が“花形《はながた》”といわれています。世界大会《せかいたいかい》や全国大会《ぜんこくたいかい》など、大《おお》きな目標《もくひょう》を立《た》てて、練習《れんしゅう》に取《と》り組《く》んでいきましょう！

▲第《だい》32回全国小学生陸上交流大会《かいぜんこくしょうがくせいりくじょうこうりゅうたいかい》の様子《ようす》

第《だい》 2 章《しょう》

短《たん》距《きょ》離《り》走《そう》の基《き》本《ほん》を学《まな》ぼう

短距離《たんきょり》の基礎知識《きそちしき》を知《し》ろう

どんなに速《はや》い選手《せんしゅ》でも大切《たいせつ》なことは同《おな》じ

足《あし》の速《はや》い、遅《おそ》いは、小学生《しょうがくせい》の段階《だんかい》から少《すこ》しずつ差《さ》がついてくると思《おも》います。確《たし》かに、足《あし》の速《はや》さには天性《てんせい》の部分《ぶぶん》もあります。しかし、走《はし》ることの基本《きほん》を学《まな》べば、だれでも成長《せいちょう》することができます。

どんな世界的《せかいてき》なスプリンターでも、特別《とくべつ》なことをしているわけではありません。走《はし》るために大切《たいせつ》にしていることは同《おな》じなのです。まずは、速《はや》く走《はし》るために必要《ひつよう》な短距離《たんきょり》の基本知識《きほんちしき》をおさえていきましょう。

▶スプリンター
短距離走者《たんきょりそうしゃ》のこと

問題《もんだい》 09
初級《しょきゅう》

トップスプリンターは脚《あし》をどう動《うご》かしている？

1 脚《あし》を後《うし》ろで回《まわ》す

2 両脚《りょうあし》を大《おお》きく開《ひら》く

3 脚《あし》を前《まえ》に前《まえ》に運《はこ》ぶ

ヒント
hint
世界大会《せかいたいかい》の100メートルの動画《どうが》などを見《み》てみましょう！

答《こた》えがわかったらページをめくってね

09の答《こた》え

3

脚《あし》を前《まえ》に前《まえ》に運《はこ》ぶ

なんで

推進力《すいしんりょく》を利用《りよう》して前《まえ》に進《すす》むため

スプリンターは、脚《あし》を前《まえ》に前《まえ》にと運《はこ》ぶことで推進力《すいしんりょく》を生《う》み出《だ》しています。ただし、脚《あし》だけを前《まえ》に出《だ》せば速《はや》く走《はし》れるわけではありません。

大切《たいせつ》なのは、体《からだ》の軸《じく》を前《まえ》に進《すす》め、速《はや》くさばいた前足《まえし》が地面《じめん》に接地《せっち》したときに、体《からだ》が足《あし》の上《うえ》に真《ま》っすぐに乗《の》ることです。この、力《ちから》が一番利用《いちばんりよう》できる体《からだ》の位置《いち》のことを「パワーポジション」といいます。走《はし》るのも、投《な》げるのも、跳《と》ぶのも、常《つね》に「パワーポジション」に入《はい》ることが重要《じゅうよう》です。

問題《もんだい》
10
中級《ちゅうきゅう》

速《はや》さの基本《きほん》は「　　　」×「　　　」で決《き》まる。空欄《くうらん》に当《あ》てはまる言葉《ことば》は？

ヒント
hint
カタカナ3文字《もじ》と5文字《もじ》です。

答《こた》えがわかったらページをめくってね

10の答《こた》え ▶ 3 速《はや》さの基本《きほん》は ピッチ×ストライドで決《き》まる

脚《あし》を動《うご》かすときにカギとなるのは「ピッチ」と「ストライド」

スプリンターは、この足《あし》の回転《かいてん》（ピッチ）と歩幅《ほはば》（ストライド）のバランスを常《つね》に意識《いしき》しています。

脚《あし》を速《はや》く動《うご》かせばピッチは上《あ》がりますが、ストライドが小《ちい》さくなります。逆《ぎゃく》に大《おお》きなストライドを出《だ》そうと意識《いしき》すると、ピッチが落《お》ちてしまいます。

この正反対《せいはんたい》の動作《どうさ》をうまく合体《がったい》させて、自分《じぶん》の体《からだ》にとって最適《さいてき》なピッチとストライドを見《み》つけるのが重要《じゅうよう》です。つまり、理想《りそう》の走《はし》りとは、一番《いちばん》ストライドが大《おお》きく、一番《いちばん》ピッチが速《はや》い走《はし》りなのです。

ピッチ

▲脚《あし》の回転《かいてん》のこと

ストライド

▲1歩《ぽ》の歩幅《ほはば》の大《おお》きさのこと

これ知《し》ってる？ 世界一《せかいいち》のピッチとストライドは？

100メートルと200メートルの世界記録《せかいきろく》を持《も》ち、伝説的《でんせつてき》な選手《せんしゅ》であるウサイン・ボルト選手《せんしゅ》（ジャマイカ）は、1秒間《びょうかん》に4.28歩《ほ》のピッチと平均《へいきん》2.44メートルのストライドです。2016年《ねん》には100メートルを9秒《びょう》58、約《やく》41歩《ぽ》で走《はし》り切《き》って世界記録《せかいきろく》を樹立《じゅりつ》しました。時速《じそく》で表《あらわ》すと平均約《へいきんやく》37キロ、最大時速《さいだいじそく》は約《やく》45キロだったといわれています！

数字《すうじ》だけではすごさがわかりづらいかもしれませんね。3メートルを計《はか》って、1歩《ぽ》で跳《と》べるか挑戦《ちょうせん》してみましょう。どれだけ大《おお》きな歩幅《ほはば》で走《はし》っているかわかります。

選手《せんしゅ》は、歩幅《ほはば》の大《おお》きな「ストライド型《がた》」と素早《すばや》い動《うご》きで刻《きざ》む「ピッチ型《がた》」に分《わ》けられます。自分《じぶん》のタイプを見極《みきわ》めてフォームを探《さぐ》っていきましょう。

問題《もんだい》11

初級《しょきゅう》

トップ選手《せんしゅ》の場合《ばあい》 100メートルのなかで、一番《いちばん》スピードが速《はや》いのはどのあたり?

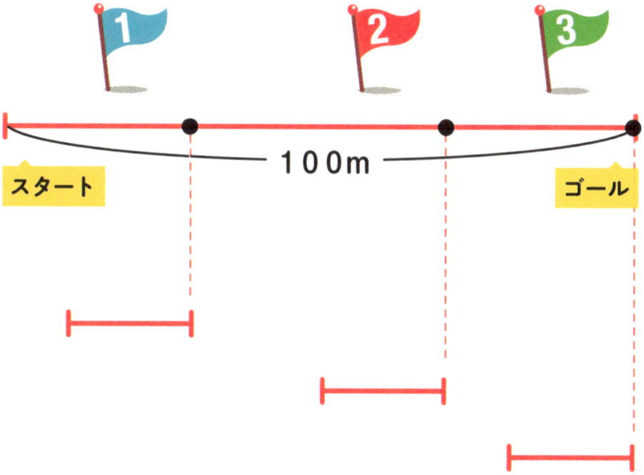

1 スタートダッシュが決《き》まった 10〜30メートル付近《ふきん》

2 加速《かそく》に乗《の》った 50〜70メートル付近《ふきん》

3 ラストスパートをかける 80〜100メートル付近《ふきん》

\ヒント/
hint

スピード変化《へんか》は“山型《やまがた》”です。

答《こた》えがわかったらページをめくってね

11の答《こた》え ▶ 2 加速《かそく》に乗《の》った 50〜70メートル付近《ふきん》

等速局面《とうそくきょくめん》
(50〜80メートル)

減速局面《げんそくきょくめん》
(80〜100メートル)

▲トップスピードに乗《の》る区間《くかん》。速《はや》いスピードを、力《ちから》を入《い》れずにできるだけ長《なが》い時間《じかん》キープすることが重要《じゅうよう》となる。少《すこ》しずつスピードは落《お》ちていく

▲自然《しぜん》とトップスピードを維持《いじ》できなくなり、減速《げんそく》してしまうシーン。スピード低下《ていか》を最低限《さいていげん》に抑《おさ》えることが、後半《こうはん》の強《つよ》さにつながっていく

100メートルは大《おお》きく分《わ》けて4つの局面《きょくめん》で構成《こうせい》されます。
スプリンターは、スタートから加速《かそく》していき、
中盤《ちゅうばん》でトップスピードに乗《の》り、
その後《ご》ゆっくりとスピードが落《お》ちていきます。

スタート局面《きょくめん》
(0～30メートル)

▲スターティングブロックを利用《りよう》して、お尻周辺《しりしゅうへん》の大《おお》きな筋肉《きんにく》を使《つか》って勢《いきお》いよく飛《と》び出《だ》す。パワーが求《もと》められる区間《くかん》。グイグイと加速《かそく》してスピードを出《だ》していく

加速局面《かそくきょくめん》
(30～50メートル)

▲トップスピードになる準備《じゅんび》をする区間《くかん》。低《ひく》い姿勢《しせい》から徐々《じょじょ》に体《からだ》を起《お》こしていく。地面《じめん》からの反発《はんぱつ》をもらって、重心移動《じゅうしんいどう》をスムーズに行《おこな》う

4局面《きょくめん》における最大疾走速度《さいだいしっそうそくど》

どんな選手《せんしゅ》でも、スタート→加速《かそく》→等速《とうそく》→減速《げんそく》という大《おお》きな流《なが》れは変《か》わりません。いかに、100メートルのトータルで力《ちから》の配分《はいぶん》を考《かんが》え、コントロールできるかがカギとなります。スタートで力《ちから》を使《つか》い過《す》ぎて後半《こうはん》でスタミナ切《ぎ》れを起《お》こすことなく、逆《ぎゃく》に、前半《ぜんはん》を抑《おさ》え過《す》ぎてしまってトップスピードに上《あ》げきれずに終《お》わることもないのが理想《りそう》です。

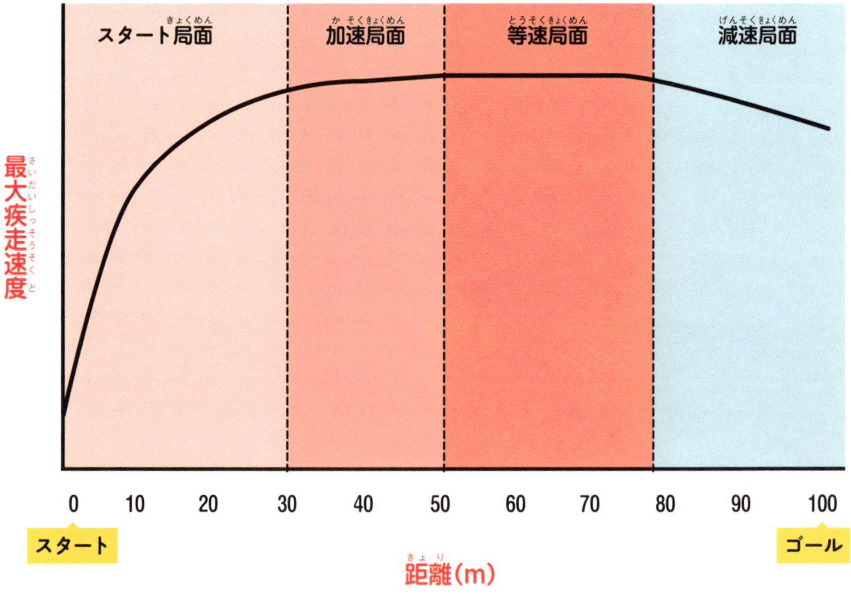

これ知《し》ってる？ 後半《こうはん》に“伸《の》びる”選手《せんしゅ》とは!?

よく、100メートルを見《み》ていると「後半《こうはん》の伸《の》びがすごい！」というレースがあると思《おも》います。しかし、後半《こうはん》はどんな選手《せんしゅ》でもスピードは落《お》ちるもの。後半《こうはん》に逆転《ぎゃくてん》する選《せん》手《しゅ》は、伸《の》びているのではなく、スピード低《てい》下《か》を抑《おさ》えているのです。

問題《もんだい》

初級《しょきゅう》

12

走《はし》っているときの手《て》はどうなっているのがいい？

1 グー

2 チョキ

3 パー

ヒント
hint

一番《いちばん》、余計《よけい》な力《ちから》が入《はい》らずにリラックスできるのはどれでしょう。

答《こた》えがわかったらページをめくってね

12の答《こた》え

3

パー

なんで

無駄《むだ》な力《ちから》が入《はい》りにくいといわれているから

短距離《たんきょり》を走《はし》っているときの手《て》は、パーに開《ひら》いている選手《せんしゅ》が多《おお》いです。走《はし》りで大切《たいせつ》なのは無駄《むだ》な力《ちから》を入《い》れないこと。グーで走《はし》ると肩《かた》に力《ちから》が入《はい》ってしまい、動《うご》きが硬《かた》くなってしまうことがあります。

もちろん、パーが必《かなら》ずしも正解《せいかい》とは限《かぎ》りません。グーでもチョキでも、リラックスして走《はし》れれば大丈夫《だいじょうぶ》ですが、パーが一番《いちばん》無駄《むだ》な力《ちから》を抜《ぬ》いた腕振《うでふ》りができるでしょう。

トライ!

基本《きほん》の腕振《うでふ》りを覚《おぼ》えよう

走《はし》るためには、ただ脚《あし》を速《はや》く動《うご》かすだけではいけません。下半身《かはんしん》と上半身《じょうはんしん》をタイミングよく動《うご》かすことで、より推進力《すいしんりょく》を出《だ》すことができます。腕振《うでふ》りは、あくまで下半身《かはんしん》のサポート。走《はし》りのじゃまをしないように、正確《せいかく》で力《ちから》の抜《ぬ》けた腕振《うでふ》りができるようになりましょう。

POINT

①姿勢《しせい》は真《ま》っすぐ、猫背《ねこぜ》にならないように
②左右《さゆう》、タイミングよく振《ふ》りましょう
③前《まえ》だけでなく、後《うし》ろにもしっかり引《ひ》きましょう
④腕先《うでさき》だけではなく、付《つ》け根《ね》から振《ふ》りましょう

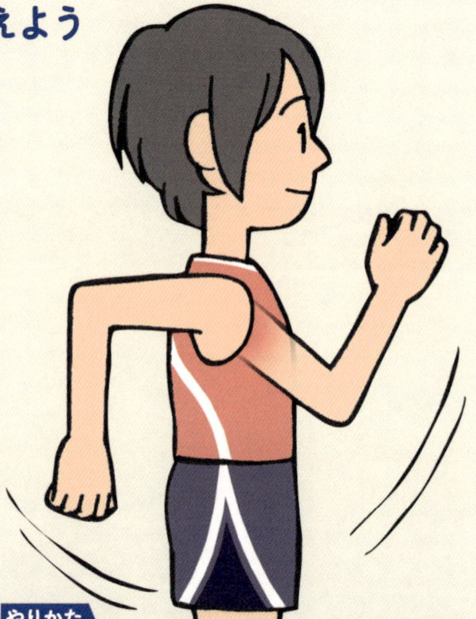

やりかた

真《ま》っすぐ前《まえ》を向《む》き、腕《うで》を前後《ぜんご》に左右交互《さゆうこうご》に振《ふ》ります。自分《じぶん》に合《あ》う角度《かくど》を見《み》つけてください。短距離走《たんきょりそう》であれば腕《うで》は曲《ま》げたほうが走《はし》りやすいはずです。

問題《もんだい》 13
中級《ちゅうきゅう》

走《はし》っているときは進《すす》む方向《ほうこう》を向《む》くことが多《おお》いが、その理由《りゆう》は？

ヒント
hint

視線《しせん》がいろんなところを向《む》いてしまうと……。

答《こた》えがわかったらページをめくってね

13の答《こた》え ▶ 力《ちから》を分散《ぶんさん》せずに速《はや》く走《はし》るため

なんで

視線《しせん》を向《む》けた方向《ほうこう》に力《ちから》が出《で》やすい

走《はし》る、投《な》げる、跳《と》ぶ、すべてに共通《きょうつう》しますが、視線《しせん》というのは重要《じゅうよう》です。頭《あたま》の向《む》いたほうへ体《からだ》は動《うご》きますし、視線《しせん》がふらついてしまうと、力《ちから》も分散《ぶんさん》してしまうもの。力《ちから》を出《だ》したい方向《ほうこう》に視線《しせん》を向《む》けるようにしましょう。

▲よそ見《み》をしないで真《ま》っすぐ前《まえ》を見《み》すえよう

これ知《し》ってる？

横《よこ》を見《み》ながら世界記録《せかいきろく》!?

2008年《ねん》の北京《ぺきん》オリンピック、100メートルの決勝《けっしょう》で、ウサイン・ボルト選手《せんしゅ》（ジャマイカ）は９秒《びょう》69という当時《とうじ》の世界新《せかいしん》記録《きろく》で金《きん》メダルを獲得《かくとく》しました。

ボルト選手《せんしゅ》はほかの選手《せんしゅ》を大《おお》きく引《ひ》き離《はな》し、ゴール直前《ちょくぜん》には上半身《じょうはんしん》をスタンド方向《ほうこう》に開《ひら》いて、右手《みぎて》で胸《むね》をたたいて喜《よろこ》びを表現《ひょうげん》しながらフィニッシュしています。

これには、「もし真《ま》っすぐ正面《しょうめん》を向《む》いて走《はし》ったらもっといい記録《きろく》が出たはずだ！」という声《こえ》も上《あ》がりました。

もちろん、その可能性《かのうせい》はありますが、こうしたパフォーマンスができるほど心《こころ》に余《よ》裕《ゆう》があり、リラックスしていたことも、速《はや》く走《はし》るためには重要《じゅうよう》なことです。

問題《もんだい》 14
中級《ちゅうきゅう》

体《からだ》の軸《じく》がブレないようにするには、何《なん》の位置《いち》を知《し》ることが大切《たいせつ》？

▲このあたりにある仮想《かそう》の点《てん》のこと

\ヒント/
hint

体《からだ》の中心《ちゅうしん》であり、これを動《うご》かすことで人《ひと》は進《すす》みます。

答《こた》えがわかったらページをめくってね

14の答《こた》え ▶ 重心《じゅうしん》

なんで

体《からだ》を動《うご》かすときには重心《じゅうしん》を感《かん》じることが大切《たいせつ》

体《からだ》がブレないようにするには、体《からだ》の中《ちゅう》心《しん》にある「重心《じゅうしん》」の位置《いち》を知《し》ることが重要《じゅうよう》です。人《ひと》は重心《じゅうしん》を動《うご》かすことで、歩《ある》いたり走《はし》ったりしています。重心《じゅうしん》をコントロールすることが、速《はや》く走《はし》るためには不可欠《ふかけつ》です。

トライ! ボールを持《も》って走《はし》ることで重心《じゅうしん》を感《かん》じてみよう

重心《じゅうしん》はおへその奥《おく》にあります。体《からだ》の中心《ちゅうしん》にボールがあるイメージです。重心《じゅうしん》は必《かなら》ず真《ま》ん中《なか》にあるわけではなく、右脚《みぎあし》に体重《たいじゅう》をかけたり、右《みぎ》に傾《かたむ》いたりすれば、重心《じゅうしん》は右《みぎ》に動《うご》きます。

やりかた

ボールを重心《じゅうしん》に見立《みた》てて、両手《りょうて》でおへその前《まえ》に持《も》ち、軽《かる》く走《はし》ってみましょう。体《からだ》を倒《たお》すと、自然《しぜん》と足《あし》が前《まえ》に出《で》て重心《じゅうしん》を保《たも》とうとします。この連続《れんぞく》が、走《はし》りにつながります。

問題《もんだい》

15

中級《ちゅうきゅう》

このなかで、力《ちから》を発揮《はっき》できていないフォームはどれ？

1

体《からだ》が前傾《ぜんけい》して前《まえ》に倒《たお》れている走《はし》り

2

背《せ》すじを真《ま》っすぐに伸《の》ばした走《はし》り

3

背中《せなか》がそり返《かえ》り、体《からだ》が後傾《こうけい》している走《はし》り

ヒント

hint

重心《じゅうしん》はどうなっているでしょう。

答《こた》えがわかったらページをめくってね

15の答《こた》え ▶ 3 背中《せなか》がそり返《かえ》り、体《からだ》が後傾《こうけい》している走《はし》り

なんで

重心《じゅうしん》は前《まえ》のほうにキープできるといい

46ページで学《まな》んだ通《とお》り、走《はし》るためには重心《じゅうしん》の移動《いどう》が大切《たいせつ》です。スタートした直後《ちょくご》はスピードを一気《いっき》に上《あ》げるため、体《からだ》を倒《たお》して重心《じゅうしん》を低《ひく》くして走《はし》ります。そのまま走《はし》ることはできませんので、体《からだ》が真《ま》っすぐに起《お》き上《あ》がりトップスピードに乗《の》ってからは、重心《じゅうしん》を真《ま》っすぐに地面《じめん》に対《たい》して水平移動《すへいいどう》させていきます。これが理想的《りそうてき》な重心移動《じゅうしんいどう》です。

後半《こうはん》、疲《つか》れてくると重心《じゅうしん》が後《うし》ろにきてしまいます。そうなると、胸《むね》が張《は》り、背《せ》中《なか》がそり返《かえ》って後《うし》ろ向《む》きの力《ちから》が働《はたら》きます。疲《つか》れてしまったときこそ、重心《じゅうしん》を前《まえ》に進《すす》めるように意識《いしき》してみましょう。

▲重心《じゅうしん》を動《うご》かすことで速《はや》く走《はし》れる

トライ!

倒《たお》れ込《こ》むイメージで重心《じゅうしん》移動《いどう》を感《かん》じる

「重心《じゅうしん》を前《まえ》に」といわれて、パッと想像《そうぞう》できましたか？　できなかった人《ひと》は前《まえ》に倒《たお》れていくことで重心《じゅうしん》移動《いどう》を感《かん》じてみましょう。

やりかた

立《た》っている状態《じょうたい》から前《まえ》に倒《たお》れていって、足《あし》をつかなければ転《ころ》んでしまうギリギリの瞬間《しゅんかん》まで体《からだ》を倒《たお》す。必《かなら》ず倒《たお》れる直前《ちょくぜん》に足《あし》を出《だ》してくださいね。

コラム

体《からだ》を思《おも》い通《どお》りに動《うご》かせる力《ちから》を磨《みが》こう

　第《だい》2章《しょう》で紹介《しょうかい》したように、走《はし》るためには体《からだ》を思《おも》った通《とお》りに使《つか》いこなすこと、そして重心《じゅうしん》の位置《いち》を知《し》り、スムーズに重心《じゅうしん》を移動《いどう》させることがとても大切《たいせつ》です。

　具体的《ぐたいてき》に「どうやって体《からだ》をうまく動《うご》かすのか」「重心《じゅうしん》ってどこにあるのか」わかるということは、感覚的《かんかくてき》なものでとてもむずかしいです。しかし、これは“才能《さいのう》”ではなく、養《やしな》っていくことができます。感覚《かんかく》を鍛《きた》えていくのが、次《つぎ》の章《しょう》で紹介《しょうかい》する「コオーディネーショントレーニング」です。

第《だい》 3 章《しょう》

体《からだ》を動《うご》かす感覚《かんかく》を身《み》につけよう

スポーツの原点《げんてん》は体《からだ》を動《うご》かすこと！

ただフォームだけを学《まな》んでも足《あし》は速《はや》くならない！

第《だい》2章《しょう》では「速《はや》く走《はし》る」ための基《き》本《ほん》を学《まな》びました。しかし、陸上競技《りくじょうきょうぎ》には「これは正解《せいかい》！」というフォームはありません。大切《たいせつ》なのは、体《からだ》がどのような動《うご》きをするのかを知《し》り、自分《じぶん》の思《おも》った通《とお》りに体《からだ》を動《うご》かすことです。トップ選手《せんしゅ》のフォームをまねしただけではいけません。自分《じぶん》の体《からだ》に合《あ》ったもので、一番速《いちばんはや》く走《はし》ることができるのが、理想《りそう》のフォームなのです。

ここからは、スポーツのすべての基本《きほん》となる、「体《からだ》を動《うご》かす感覚《かんかく》」を身《み》につけるための知識《ちしき》を学《まな》んでいきます。「それって陸上《りくじょう》に関係《かんけい》ある？」と思《おも》うものもあるかもしれませんが、大《おお》いに関係《かんけい》あります。さまざまな動《うご》きに挑戦《ちょうせん》していきましょう！

問題《もんだい》

16

初級《しょきゅう》

速《はや》く走《はし》るためには何《なに》が必要《ひつよう》でしょうか？

\ヒント/

hint

2章《しょう》で学《まな》んだことを思《おも》い出《だ》して、何《なに》が必要《ひつよう》か思《おも》いつく限《かぎ》りたくさん想像《そうぞう》してみましょう！

答《こた》えがわかったらページをめくってね

16の答《こた》え ▶ リズム、感覚《かんかく》、センス、タイミング、フォーム、イメージ、筋力《きんりょく》 など

▲ダンスをしたり、正《ただ》しいフォームをイメージして走《はし》ってみたり、トレーニングなどをしたりすることで「速《はや》く走《はし》る」ための能力《のうりょく》を磨《みが》いていく

なんで

体《からだ》を自分《じぶん》の思《おも》い通《どお》りに動《うご》かすため

走《はし》ることに限《かぎ》らずどんなスポーツでも、体《からだ》を思《おも》うように動《うご》かす感覚《かんかく》を身《み》につけることが大切《たいせつ》です。リズムやセンス、感覚《かんかく》は、生《う》まれ持《も》った才能《さいのう》だけではなく、トレーニングで鍛《きた》えることができます。自《じ》分《ぶん》の体《からだ》を自由自在《じゆうじざい》に動《うご》かすため、幼《おさな》いころからいろいろな動《うご》きに挑戦《ちょうせん》していきましょう。

トライ!

あぐら座《ずわ》り ➡ 立《た》ち上《あ》がり

人《ひと》は、体《からだ》の中心《ちゅうしん》にある「重《じゅう》心《しん》」を動《うご》かすことで移動《いどう》します。まずは、その重心《じゅうしん》を感《かん》じてみましょう。

1 あぐら座《ずわ》り（安定《あんてい》している）
2 グラグラ（不安定《ふあんてい》）
3 立《た》ち上《あ》がる（安定《あんてい》している）

やりかた

あぐら座《ずわ》りから、足《あし》を組《く》みかえずに立《た》ち上《あ》がります。

POINT

グラグラしているときに重心《じゅうしん》を感《かん》じよう

フラフラしてしまいますが、それこそが重心《じゅうしん》を感《かん》じるコツです！ 手《て》を使《つか》ったり、足《あし》を組《く》み直《なお》したりしてはトレーニング効果《こうか》が半減《はんげん》してしまいます。

手《て》を使《つか》って立《た》つ

足《あし》を組《く》み直《なお》してから立《た》つ

コラム

コオーディネーション トレーニングとは？

　みなさんは芝生《しばふ》が広《ひろ》がっていたら思《おも》いっきり走《はし》りたくなりませんか？　走《はし》っているところに、大《おお》きな石《いし》があったら跳《と》び越《こ》えませんか？　これが陸上競技《りくじょうきょうぎ》の原点《げんてん》であり、「運動《うんどう》」の原点《げんてん》でもあります。

　自分《じぶん》の置《お》かれている状況《じょうきょう》を察知《さっち》し、体《からだ》を思《おも》った通《とお》りにスムーズに動《うご》かすためには、運動《うんどう》のコツをすぐにつかむことが大切《たいせつ》です。このコツをつかむ能力《のうりょく》を「コオーディネーション能力《のうりょく》」といいます。そして、その能力《のうりょく》を養《やしな》っていくのが「コオーディネーショントレーニング」です。いわゆる「運動神経《うんどうしんけい》」はこのトレーニングでよくしていくことができます。

　例《たと》えば、赤《あか》ちゃんが立《た》ち上《あ》がり、フラフラしながら歩《ある》くのは、「重心《じゅうしん》を動《うご》かす」ことと「重心《じゅうしん》を安定《あんてい》させよう」とすることの連続《れんぞく》です。「重心移動《じゅうしんいどう》」は陸上競技《りくじょうきょうぎ》でよく耳《みみ》にする言葉《ことば》。こういった、生物《せいぶつ》として無意識《むいしき》に行《おこな》っている動《うご》きを、意識《いしき》してもっと自由《じゆう》に組《く》み立《た》てられるかどうかはコオーディネーション能力《のうりょく》がカギを握《にぎ》っています。

　陸上競技《りくじょうきょうぎ》は、タイム・順位《じゅんい》がつき、それを求《もと》めるスポーツです。しかし、まずは、そのもっと前《まえ》にある基本《きほん》に立《た》ち返《かえ》ります。いろいろな動《うご》きに挑戦《ちょうせん》して、体《からだ》を動《うご》かせるようにチャレンジしていきましょう！

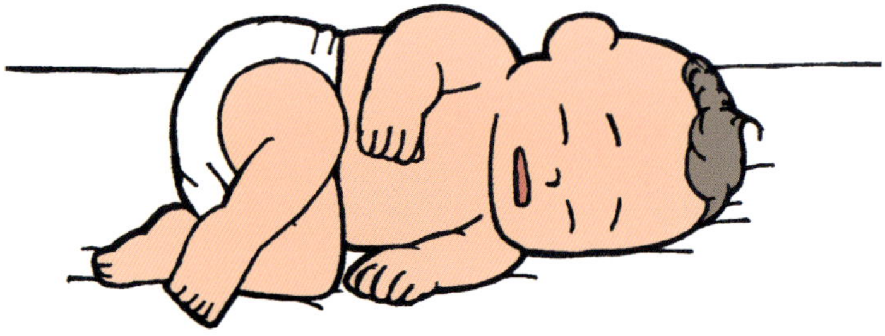

◀赤《あか》ちゃんが寝返《ねがえ》りをうったり、立《た》ち上《あ》がったりするのも重心《じゅうしん》を移動《いどう》しているのだ

問題《もんだい》

17

中級《ちゅうきゅう》

重心《じゅうしん》をうまく前《まえ》に進《すす》めるために重要《じゅうよう》な体《からだ》の部位《ぶい》の名前《なまえ》を答《こた》えましょう。

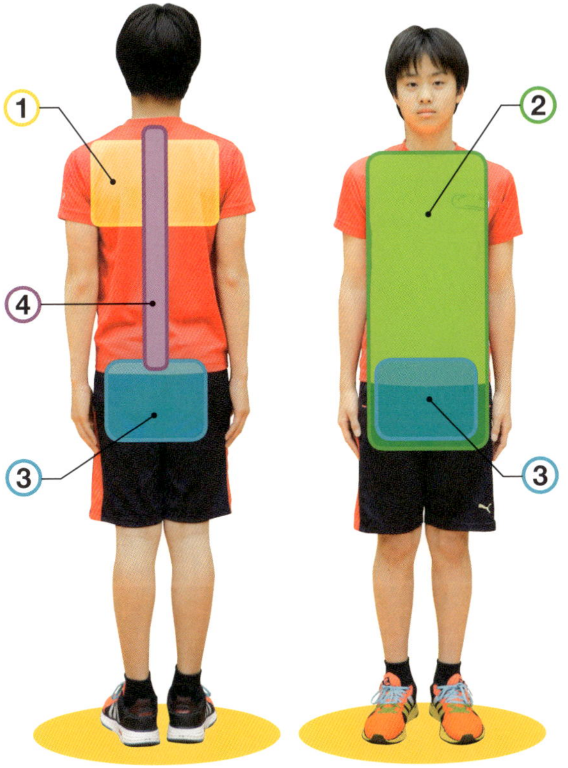

＼ヒント／
hint

答《こた》えは4つです。①背中《せなか》にある骨《ほね》　②おなかまわりの軸《じく》となる部分《ぶぶん》　③腰《こし》から脚《あし》の付《つ》け根《ね》にかけての骨《ほね》　④体《からだ》の中心《ちゅうしん》を通《とお》っている骨《ほね》　これらをなんと呼《よ》ぶでしょう。

答《こた》えがわかったらページをめくってね

17の答《こた》え ▶ ①肩甲骨《けんこうこつ》、②体幹《たいかん》、③骨盤《こつばん》、④背骨《せぼね》

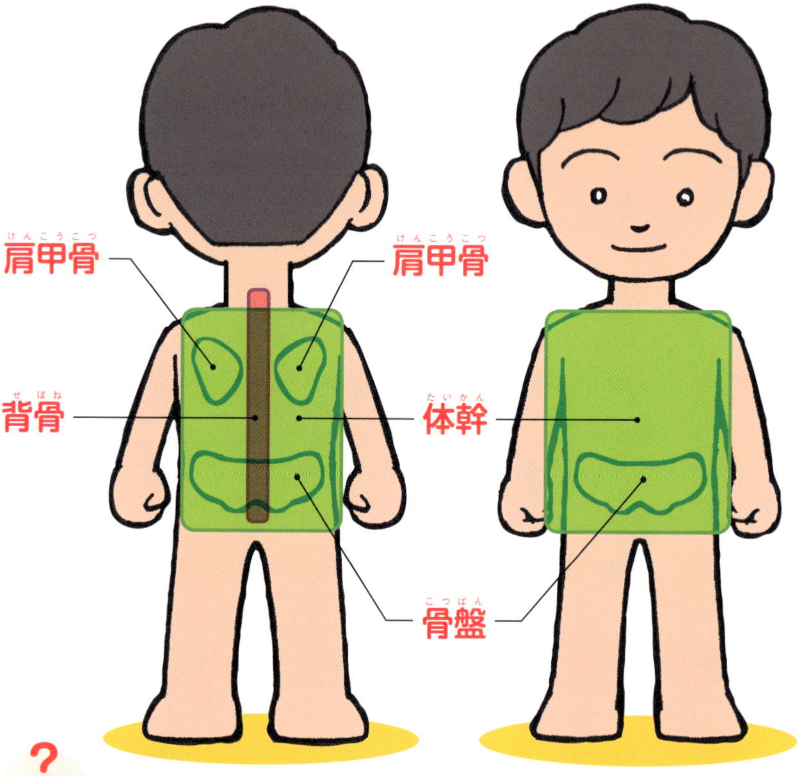

なんで

肩甲骨《けんこうこつ》、骨盤《こつばん》、背骨《せぼね》を連動《れんどう》させて動《うご》かし体幹《たいかん》をうまく使《つか》う

「速《はや》く走《はし》る」と聞《き》いて、肩甲骨《けんこうこつ》や骨盤《こつばん》を使《つか》うというのはなかなかイメージできないと思《おも》います。しかし、実際《じっさい》には体《からだ》の中心《ちゅうしん》から、背骨《せぼね》、肩甲骨《けんこうこつ》を通《とお》して上半身《じょうはんしん》を、骨盤《こつばん》を通《とお》して下半身《かはんしん》を動《うご》かしています。この部分《ぶぶん》を動《うご》かせる範囲《はんい》（＝可動域《かどういき》といいます）を広《ひろ》げていきましょう。

▶股関節《こかんせつ》

足《あし》の付《つ》け根《ね》（骨《こつ》盤《ばん》と太《ふと》ももの骨《ほね》の間《あいだ》）にある関《かん》節《せつ》。ここをやわらかくすることが大切《たいせつ》

トライ!

ストレッチで可動域《かどういき》を広《ひろ》げる

柔軟性《じゅうなんせい》がとても大切《たいせつ》になります。しっかりとストレッチして、肩甲骨《けんこうこつ》と股関節周辺《こかんせつしゅうへん》の柔軟体操《じゅうなんたいそう》を行《おこな》いましょう。

上半身《じょうはんしん》のストレッチ

やりかた

ヒザを曲《ま》げた状態《じょうたい》でうつぶせになります。腕《うで》を伸《の》ばし、肩甲骨《けんこうこつ》、背中《せなか》まわりをやわらかくします。真《ま》っすぐ伸《の》びたあとは、左右《さゆう》に上半身《じょうはんしん》をひねってみましょう。

トライ！ ストレッチで可動域《かどういき》を広《ひろ》げる

下半身《かはんしん》のストレッチ

POINT

肩甲骨《けんこうこつ》と股関節《こかんせつ》は特《とく》にやわらかく動《うご》かせるようにしましょう！

やりかた

脚《あし》を前後《ぜんご》に開脚《かいきゃく》し、体《からだ》を倒《たお》して股関節《こかんせつ》を動《うご》かします。左右《さゆう》行《おこな》いましょう。

日常生活《にちじょうせいかつ》から姿勢《しせい》に気《き》をつけて

姿勢《しせい》の悪《わる》いトップアスリートはいません。猫背《ねこぜ》になったり、肩《かた》だけ前《まえ》に出《で》たりしないように、日常生活《にちじょうせいかつ》から姿勢《しせい》に気《き》をつけましょう！

問題《もんだい》 18

初級《しょきゅう》

体幹《たいかん》がうまく使《つか》えないとどうなる? 正《ただ》しい答《こた》えを選《えら》びましょう。

1 向《む》かい風《かぜ》に負《ま》けてしまう

2 おなかがすぐに減《へ》る

3 バランスが取《と》れない

4 手足《てあし》がうまく動《うご》かせない

\ヒント/ hint

走《はし》ることに関係《かんけい》するのはどれでしょう。仲間外《なかまはず》れがありそうです。

答《こた》えがわかったらページをめくってね

18の答《こた》え

1 向《む》かい風《かぜ》に負《ま》けてしまう

3 バランスが取《と》れない

4 手足《て あし》がうまく動《うご》かせない

なんで

体幹《たいかん》を通《とお》して手足《てあし》を動《うご》かしている

　スポーツ界《かい》では「体幹《たいかん》」という言葉《ことば》がたくさん登場《とうじょう》します。体幹《たいかん》の定義《ていぎ》はいくつかありますが、背骨《せぼね》・肩甲骨《けんこうこつ》・骨盤《こつばん》といった体《からだ》の胴体《どうたい》、そしておなかまわりのことを指《さ》し、体全体《からだぜんたい》の中心《ちゅうしん》といわれています。すべての力《ちから》は体《からだ》の中心《ちゅうしん》を通《とお》して手足《てあし》に伝達《でんたつ》していきます。体《からだ》の軸《じく》がうまく使《つか》えないと、力《ちから》を十分《じゅうぶん》に発揮《はっき》できなかったり、手足《てあし》をうまく動《うご》かせなかったりします。

　体幹《たいかん》は、筋力《きんりょく》トレーニングだけで強《つよ》くするものではありません。意外《いがい》かもしれませんが、見事《みごと》に割《わ》れた腹筋《ふっきん》の選手《せんしゅ》が必《かなら》ずしも体幹《たいかん》が使《つか》えるとは限《かぎ》らないのです。体幹《たいかん》を強《つよ》くすること、体幹《たいかん》がどういう役割《やくわり》をするかは、小学生《しょうがくせい》や中学生《ちゅうがくせい》の年代《ねんだい》から自分《じぶん》の体《からだ》で感覚《かんかく》として覚《おぼ》えていきましょう。

トライ!

S字《じ》トレーニング

背骨《せぼね》と骨盤《こつばん》を意識《いしき》することができるようになるトレーニングです。

やりかた

体《からだ》を真《ま》っすぐにします。「S字《じ》」を描《えが》くように、肩《かた》を先《さき》に水平《すいへい》に動《うご》かし、肩《かた》を追《お》いかけるように腰《こし》を水平《すいへい》に動《うご》かします。リズムよく左右交互《さゆうこうご》に行《おこな》いましょう。

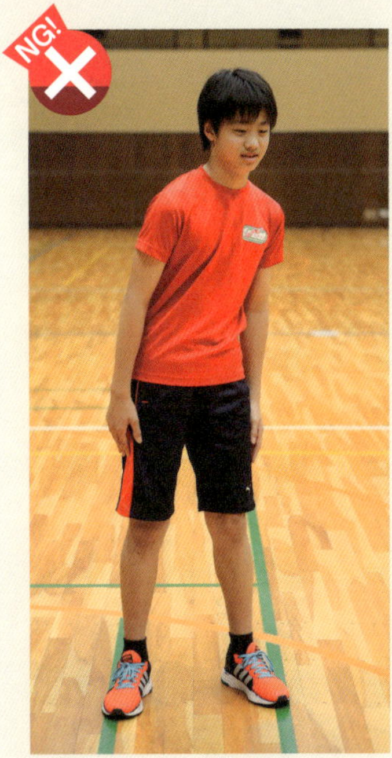

▲肩《かた》をひねって左右《さゆう》に動《うご》く

トライ! クローリング

体幹《たいかん》と肩《かた》、腰《こし》を連動《れんどう》させることができるようになるトレーニングです。

●手《て》だけ、あるいは足《あし》だけで動《うご》いている
●ヒザとヒジがくっついていない

やりかた

うつぶせになって、視線《しせん》を前《まえ》に向《む》けたまま這《は》って進《すす》みます。左《ひだり》ヒジと右《みぎ》ヒザ、右《みぎ》ヒジと左《ひだり》ヒザ…と交互《こうご》に動《うご》かします。ヒジとヒザがつくくらいまで大《おお》きく動《うご》かしてください。ヒジとヒザの4点《てん》を地面《じめん》につけたまま行《おこな》いましょう。

問題《もんだい》 19 初級《しょきゅう》

骨盤《こつばん》と体幹《たいかん》を動《うご》かす感覚《かんかく》を身《み》につけるトレーニング「スラローム走《そう》」はどんな動《うご》き？

1. うねうねと曲線《きょくせん》を描《えが》きながら前《まえ》に進《すす》む
2. ぴょんぴょんとジャンプしながら前《まえ》に進《すす》む
3. ぐるぐると回転《かいてん》しながら前《まえ》に進《すす》む

＼ヒント／
hint

腰周辺《こししゅうへん》の骨《ほね》を「骨盤《こつばん》」と呼《よ》びますね。スラローム走《そう》では、答《こた》えとなる動《うご》きをすることで脚《あし》をスムーズに動《うご》かすために必要《ひつよう》な、骨盤《こつばん》と体幹《たいかん》の感覚《かんかく》を身《み》につけることができます。

☜ 答《こた》えがわかったらページをめくってね

19の答《こた》え ▶ 1 うねうねと曲線《きょくせん》を描《えが》きながら前《まえ》に進《すす》む

なんで

骨盤《こつばん》の位置《いち》を感《かん》じながら重心移動《じゅうしんいどう》

走《はし》るときに大切《たいせつ》な感覚《かんかく》をつかむためには、骨盤《こつばん》の使《つか》い方《かた》のコツが必要《ひつよう》になります。走《はし》っているときは地面《じめん》の力《ちから》を利用《りよう》しています。その力《ちから》をしっかり受《う》け止《と》めて(反発《はんぱつ》を得《え》る)、体幹《たいかん》に伝《つた》えるために、骨盤《こつばん》を動《うご》かしているのです。スラローム走《そう》で、骨盤《こつばん》の位置《いち》を感《かん》じながら重心移動《じゅうしんいどう》にチャレンジしてみましょう。

トライ! コーン走《そう》

①-1 間隔《かんかく》が広《ひろ》い(軸《じく》を真《ま》っすぐにするパターン)

やりかた

コーンをタテに並《なら》べます。間隔《かんかく》は3メートルくらいです。コーンに沿《そ》ってジグザグに走《はし》ります。

①－2　間隔《かんかく》が広《ひろ》い
(上半身《じょうはんしん》は真《ま》っすぐにし、
腰《こし》から下《した》を外《そと》に出《だ》して行《おこな》うパターン)

②　間隔《かんかく》が狭《せま》い

やりかた

コーンの間隔《かんかく》を1メートルほどにして行《おこな》います。間隔《かんかく》が狭《せま》いため、腰《こし》を曲《ま》げるパターンで素早《すばや》くジグザグに進《すす》めるように挑戦《ちょうせん》しましょう。

トライ！ レッグシフト

「レッグシフト」で、骨盤《こつばん》を動《うご》かして接地《せっち》するまでの動《うご》きを身《み》につけましょう。骨盤《こつばん》を使《つか》って、しっかりと地面《じめん》に接地《せっち》する感覚《かんかく》を、ゆっくりとした動《うご》きのなかで覚《おぼ》えていきます。

- 立《た》っているほうの脚《あし》のヒザが曲《ま》がっている
- 後《うし》ろに倒《たお》すとき、上《あ》げたほうの太《ふと》ももと体幹《たいかん》の角度《かくど》が変《か》わっている
- 猫背《ねこぜ》になっている

やりかた

1. 片脚立《かたあしだ》ちになり、太《ふと》ももとおなか（体《たい》幹《かん》）が直角《ちょっかく》になるくらいまで足《あし》を持《も》ち上《あ》げます。カカトを下《さ》げないように
2. 太《ふと》ももと体幹《たいかん》の角度《かくど》を保《たも》ったまま、上半《じょうはん》身《しん》を後《うし》ろに倒《たお》します
3. 元《もと》の状態《じょうたい》に戻《もど》します
4. そのまま上《あ》げていたほうの足《あし》を前《まえ》に一歩《いっぽ》踏《ふ》み出《だ》します。それを左右《さゆう》くり返《かえ》します

POINT

- それぞれの写真《しゃしん》のところで、2秒《びょう》くらい止《と》まる
- 両手《りょうて》は力《ちから》を抜《ぬ》く。手《て》でバランスを取《と》ろうとしない
- 目線《めせん》は真《ま》っすぐに
- 脚《あし》が左右《さゆう》入《い》れかわるときは素早《すばや》く！

問題《もんだい》 20

中級《ちゅうきゅう》

リズムよく走《はし》るために、ある動物《どうぶつ》のマネをして練習《れんしゅう》します。どの動物《どうぶつ》を選《えら》びますか？

1 ペンギン

2 ゴリラ

3 カラス

4 ウマ

ヒント
hint

この中《なか》で一番速《いちばんはや》そうなのはどの動物《どうぶつ》でしょう。

答《こた》えがわかったらページをめくってね

20の答《こた》え ▶ 4 ウマ（馬《うま》が全速力《ぜんそくりょく》で走《はし》る際《さい》の脚《あし》の運《はこ》びを「ギャロップ」といいます）

なんで

両手《りょうて》両脚《りょうあし》をリズムよく動《うご》かす

手足《てあし》は、左右《さゆう》非対称《ひたいしょう》の動《うご》きをすることでバランスを取《と》りながら動《うご》いています。

脚《あし》と腕《うで》は左右《さゆう》で１セットです。走《はし》るときはもちろん、跳《と》ぶときも、投《な》げるときも、片脚《かたあし》ずつ動《うご》かしているつもりでも、実《じつ》は１セットとしてリズムよく動《うご》いています。いざ、「意識《いしき》して歩《ある》いてみよう」と言《い》われると、右手《みぎて》と右脚《みぎあし》が一緒《いっしょ》に出《で》てしまうことはありませんか？　体《からだ》の中心《ちゅうしん》を意識《いしき》して、両手《りょうて》両脚《りょうあし》をひとつの動《うご》きとしてまとめられる感覚《かんかく》が大切《たいせつ》です。ギャロップ走《そう》で、左右《さゆう》の両手《りょうて》・両脚《りょうあし》を１セットとして、リズムよく、タイミングよく動《うご》かしてみましょう。

トライ！ ギャロップ走《そう》

やりかた

両手《りょうて》両脚《りょうあし》を組《く》み合《あ》わせて、馬《うま》のように「タカタ♪タカタ♪」のリズムで四足走《よつあしはし》りをします。左《ひだり》手《て》→右手《みぎて》→左脚《ひだりあし》→右脚《みぎあし》……の順《じゅん》です（逆《ぎゃく》でもOK）。実際《じっさい》に「タカタ！　タカタ！」と手足《てあし》で床《ゆか》をたたいた音《おと》でリズムをつくりながら走《はし》ってみましょう。

PO!NT

- タカタ♪タカタ♪とリズムよく
- 手《て》を大《おお》きく前《まえ》に出《だ》そう
- お尻《しり》をなるべく下《さ》げる

問題《もんだい》 21
中級《ちゅうきゅう》

接地《せっち》で大切《たいせつ》なのは、地面《じめん》を……？

1 蹴《け》る

2 つぶす

3 押《お》す

▶接地《せっち》
足《あし》を地面《じめん》につくこと

21の答《こた》え ▶ 3 接地《せっち》で大切《たいせつ》なのは、地面《じめん》を押《お》すことです。

●スタートダッシュを決《き》めるところ

長《なが》い時間《じかん》、力《ちから》いっぱいに地面《じめん》を押《お》す

地面《じめん》を「強《つよ》く蹴《け》る」のではなく「押《お》す」「とらえる」という感覚《かんかく》

スタートでは地面《じめん》を長《なが》く強《つよ》く押《お》して前《まえ》に進《すす》みます。スピードが速《はや》くなってくる中盤《ちゅうばん》以降《いこう》は、短《みじか》い接地《せっち》で地面《じめん》に体重《たいじゅう》を乗《の》せ、脚《あし》を前《まえ》に前《まえ》に進《すす》めていきます。しかし、脚《あし》だけ前《まえ》にいくのではなく、体《からだ》がついた脚《あし》の真《ま》上《うえ》にあるように接地《せっち》しましょう。

地面《じめん》を蹴《け》るというイメージだと「脚《あし》が（後《うし》ろに）流《なが》れる」ことになります。脚《あし》が後《うし》ろに残《のこ》ってしまう状態《じょうたい》です。これでは、前《まえ》に進《すす》むのが遅《おく》くなるので注意《ちゅうい》しましょう。

●スピードに乗《の》っているところ

短《みじか》い時間《じかん》で素早《すばや》く地面《じめん》を押《お》す

トライ! ラディアン

リズムに合《あ》わせて接地《せっち》する感覚《かんかく》を覚《おぼ》えましょう。この練習《れんしゅう》は、これまで紹介《しょうかい》した体幹《たいかん》（軸《じく》）をしっかりと感《かん》じながら、手足《てあし》をつなげる（連動《れんどう》させる）感覚《かんかく》を得《え》るのがねらいです。また、音楽《おんがく》に合《あ》わせてリズムよく「ピョンピョン」と跳《と》びはねることで「地面《じめん》を押《お》す接地《せっち》」のイメージを持《も》って行《おこな》いましょう。

ラディアン①

2拍子《びょうし》の音楽《おんがく》やメトロノームを用意《ようい》します。両手《りょうて》を目《め》の高《たか》さまで上《あ》げ、脇《わき》を広《ひろ》げるところが基本姿勢《きほんしせい》です。

◀跳《は》ねていない。さらに猫背《ねこぜ》になっており、ヒジとヒザをおへそより下《した》で合《あ》わせている

やりかた

ヒジとヒザを、おへその高《たか》さで合《あ》わせてください。「イチ、ニ、イチ、ニ…」と2拍子《びょうし》に合《あ》わせてピョンピョン跳《は》ねるように行《おこな》います。

トライ！ ラディアン

ラディアン②

やりかた

右《みぎ》ヒジと左《ひだり》ヒザ、左《ひだり》ヒジと右《みぎ》ヒザを、おへその前《まえ》で合《あ》わせます。
①と同様《どうよう》にリズムよく行《おこな》いましょう。

POINT

左右対称《さゆうたいしょう》に！

　無意識《むいしき》のうちに、片方《かたほう》だけ動《うご》きやすかったり、動《うご》きにくかったり、体《からだ》にはいろいろな「クセ」があります。左右《さゆう》同《おな》じように動《うご》けることをめざしトレーニングをしていきましょう。

問題《もんだい》 22
中級《ちゅうきゅう》

この選手《せんしゅ》はなぜか思《おも》い通《どお》りのタイムが出《で》ません。走《はし》り方《かた》のどこがよくないでしょう？

ヒント
hint

接地《せっち》したときの上半身《じょうはんしん》に注目《ちゅうもく》してみましょう。地面《じめん》を押《お》すことで得《え》た力《ちから》を、前《まえ》に進《すす》む力《ちから》に変《か》えたいですね。

答《こた》えがわかったらページをめくってね

22の答《こた》え

▼

腕《うで》をがむしゃらに振《ふ》っている

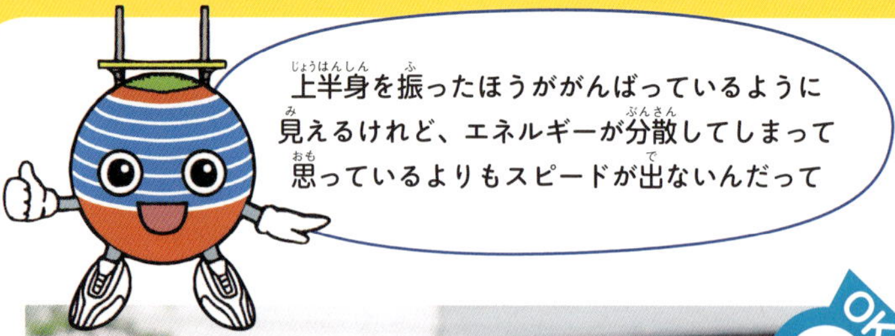

なんで

「体幹《たいかん》は真《ま》っすぐ」が理想《りそう》

走《はし》るときは、接地《せっち》して得《え》た力《ちから》（エネルギー）を体幹《たいかん》に伝《つた》えます。スピードに乗《の》って進《すす》むためには短《みじか》い時間《じかん》で最大《さいだい》のエネルギーを得《え》ることが大切《たいせつ》です。上半身《じょうはんしん》（体幹《たいかん》）があまりにも左右《さゆう》にブレてしまうと、せっかく得《え》た力《ちから》が分散《ぶんさん》してしまいます。34ページで学《まな》んだように、足《あし》が地面《じめん》についたときに、体《からだ》が脚《あし》の上《うえ》に真《ま》っすぐに乗《の》っているのが理想《りそう》です。

トライ! ツイストラン

体幹《たいかん》を使《つか》って走《はし》っていることを知《し》りましょう。このトレーニングでは、腕《うで》を使《つか》わずに走《はし》ります。窮屈《きゅうくつ》ですが、バランスの取《と》りづらい状態《じょうたい》でも、体幹《たいかん》をひねって走《はし》れば前《まえ》に進《すす》むことがわかります。この走《はし》りから、普通《ふつう》に走《はし》るときの体幹《たいかん》を安定《あんてい》させる感覚《かんかく》と、体幹《たいかん》からエネルギーを手足《てあし》に伝《つた》えていく感覚《かんかく》を覚《おぼ》えましょう。

やりかた

右手《みぎて》を右太《みぎふと》もも、左手《ひだりて》を左太《ひだりふと》ももにつけた状態《じょうたい》で走《はし》ります。

PO!NT

- 歩幅《ほはば》を小《ちい》さくせず大股《おおまた》で進《すす》む
- 視線《しせん》は前《まえ》を向《む》く

▶猫背《ねこぜ》になったり、視線《しせん》が下《さ》がったりすると体幹《たいかん》からエネルギーが伝《つた》わっていく感覚《かんかく》がわかりづらい。また、エネルギーロスが多《おお》い走《はし》り方《かた》になってしまう

まとめ

第《だい》3章《しょう》で紹介《しょうかい》した考《かんが》え方《かた》や、コオーディネーション能力《のうりょく》を高《たか》めるトレーニングは、「走《はし》ることに関係《かんけい》あるの？」と思《おも》うこともあるかもしれません。

しかし、陸上競技《りくじょうきょうぎ》に限《かぎ》らず、世界《せかい》で活躍《かつやく》するアスリートたちは、自分《じぶん》の体《からだ》のことを知《し》り、自分《じぶん》の思《おも》った通《とお》りに体《からだ》を動《うご》かすことでパフォーマンスを発揮《はっき》しています。そして、その能力《のうりょく》はコオーディネーショントレーニングで養《やしな》うことができ、習得《しゅうとく》は早《はや》ければ早《はや》いほうが身《み》につきやすいです。

本来《ほんらい》であれば、このような感覚《かんかく》は日常生活《にちじょうせいかつ》で身《み》についていくものです。山《やま》や川《かわ》といった自然《しぜん》で遊《あそ》んだり、公園《こうえん》の遊具《ゆうぐ》に挑戦《ちょうせん》したり…。これらが体《からだ》を動《うご》かすことの原点《げんてん》なのです。

コオーディネーショントレーニングは、今《いま》すぐにタイムが短縮《たんしゅく》することや、ライバルに勝《か》つことだけをめざすものではありません。将来《しょうらい》、より理想的《りそうてき》なフォームを身《み》につけ、結果《けっか》を残《のこ》すために必要《ひつよう》なトレーニングです。「陸上選手《りくじょうせんしゅ》＝走《はし》る練習《れんしゅう》」だけではなく、遊《あそ》びの延長線上《えんちょうせんじょう》で、いろいろな動《うご》きに取《と》り組《く》んでみましょう！

第《だい》4章《しょう》

短距離《たんきょり》に挑戦《ちょうせん》しよう

実際《じっさい》の走《はし》りで大切《たいせつ》な感覚《かんかく》とは？

走《はし》りの基本《きほん》、動《うご》きの基本《きほん》を覚《おぼ》えたら、走《はし》りのテクニックを学《まな》ぼう

第《だい》2章《しょう》では走《はし》りの基本《きほん》、第《だい》3章《しょう》では体《からだ》を動《うご》かすことの大切《たいせつ》さを紹介《しょうかい》しました。第《だい》4章《しょう》ではそのことを頭《あたま》で考《かんが》えながら、実際《じっさい》に短距離走《たんきょりそう》で速《はや》く走《はし》るためのテクニックや、知識《ちしき》を学《まな》んでいきましょう。

100メートルは十数秒《じゅうすうびょう》で勝負《しょうぶ》が決《き》まる一瞬《いっしゅん》のスポーツです。しかし、その十数秒《じゅうすうびょう》の間《あいだ》にも、いろいろな技《ぎ》術《じゅつ》や感覚《かんかく》があります。少《すこ》しでも速《はや》く走《はし》り、自己記録《じこきろく》を更新《こうしん》できるようなテクニックを身《み》につけていきましょう！

問題《もんだい》 23
初級《しょきゅう》

走《はし》るときに利用《りよう》する自然《しぜん》の力《ちから》は？

1 風《かぜ》

2 太陽《たいよう》

3 重力《じゅうりょく》

4 雨《あめ》

ヒント
hint

答《こた》えは2つあります。前《まえ》に進《すす》む力《ちから》に変《か》わってくれるのはどれでしょうか。

答《こた》えがわかったらページをめくってね

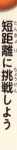

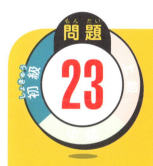

23の答《こた》え

1 風《かぜ》

3 重力《じゅうりょく》

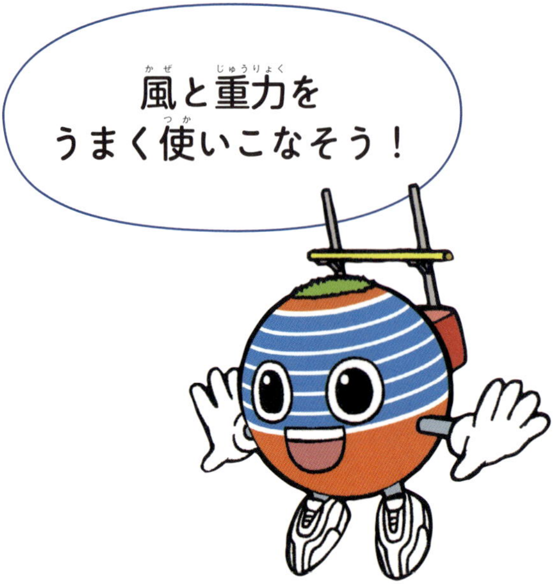

なんで

風《かぜ》＝追《お》い風《かぜ》を利用《りよう》しよう

「追《お》い風《かぜ》」は背中側《せなかがわ》から吹《ふ》いてくる風《かぜ》のことです。反対《はんたい》におなか側《がわ》から吹《ふ》いてくる風《かぜ》を「向《む》かい風《かぜ》」と呼《よ》びます。第《だい》1章《しょう》で紹介《しょうかい》したように、追《お》い風《かぜ》2.0メートルまでは公認《こうにん》記録《きろく》となります。追《お》い風《かぜ》が吹《ふ》いたときは、好記録《こうきろく》が誕生《たんじょう》するチャンスです！

なんで

重力《じゅうりょく》＝重心《じゅうしん》が傾《かたむ》く力《ちから》を利用《りよう》しよう

地球《ちきゅう》の重力《じゅうりょく》を利用《りよう》するってどういうこと!?　と思《おも》う人《ひと》も多《おお》いと思《おも》います。テレビや映画《えいが》で見《み》る「無重力《むじゅうりょく》」で走《はし》ろうとしたらどうなるでしょう。足《あし》で地面《じめん》を蹴《け》ったら、そのまま体《からだ》が宙《ちゅう》に浮《う》くことになります。

人《ひと》は地球《ちきゅう》の重力《じゅうりょく》によって引《ひ》っ張《ぱ》られています。重心《じゅうしん》を傾《かたむ》け、低《ひく》い姿勢《しせい》で走《はし》るのも重力《じゅうりょく》があるからできること。人《ひと》は重力《じゅうりょく》→反発《はんぱつ》→重力《じゅうりょく》→反発《はんぱつ》……のくり返《かえ》しで走《はし》っているのです。その力《ちから》を利用《りよう》して、重心《じゅうしん》移動《いどう》を行《おこな》っていく感覚《かんかく》を感《かん》じ取《と》ってみましょう。

トライ!

変形《へんけい》ダッシュ

立《た》ち姿勢《しせい》ではなく、いろいろな体勢《たいせい》からダッシュをすることで、倒《たお》れることに抵抗《ていこう》しながら走《はし》る意識《いしき》をしてみましょう。

パターン① 三角座《さんかくずわ》りから手《て》を使《つか》わずに起《お》き上《あ》がってダッシュ

パターン② 進《すす》む方向《ほうこう》の逆向《ぎゃくむ》きに三角座《さんかくずわ》りをして、振《ふ》り向《む》きながら起《お》き上《あ》がってダッシュ

パターン③ あぐら座《ずわ》りから手《て》を使《つか》わずに起《お》き上《あ》がってダッシュ

トライ! 変形《へんけい》ダッシュ

パターン④ 前向《まえむ》きのうつぶせから起《お》き上《あ》がってダッシュ

パターン⑤ 後《うし》ろ向《む》きのうつぶせから起《お》き上《あ》がってダッシュ

パターン⑥ 頭《あたま》を進《すす》む方向《ほうこう》に向《む》けたあおむけから起《お》き上《あ》がってダッシュ

パターン⑦ 頭《あたま》を進《すす》む方向《ほうこう》とは逆《ぎゃく》に向《む》けたあおむけから起《お》き上《あ》がってダッシュ

まとめ

立《た》ち上《あ》がることで不安定《ふあんてい》になる体《からだ》を、安定《あんてい》させて重心《じゅうしん》を前《まえ》に進《すす》めます。

安定《あんてい》→不安定《ふあんてい》→安定《あんてい》と動《うご》くことで、重心移動《じゅうしんいどう》の感覚《かんかく》を覚《おぼ》えましょう。

問題《もんだい》 24
初級《しょきゅう》

100メートルを走《はし》るとき、力《ちから》はどのように配分《はいぶん》する？

1 スタートですべてのパワーを使《つか》う

2 力《ちから》をためて最後《さいご》にパワーを使《つか》う

3 スタートから中盤《ちゅうばん》にパワーを使《つか》う

ヒント
hint
最初遅《さいしょおそ》くても、最後《さいご》バテてもいけません。

答《こた》えがわかったらページをめくってね

24の答《こた》え ▶ 3 スタートから中盤《ちゅうばん》にパワーを使《つか》う

なんで

スタートでしっかりと加速《かそく》して、中間《ちゅうかん》でトップスピードになることが大切《たいせつ》

人《ひと》が持《も》っているエネルギーは、それぞれ違《ちが》っています。そのエネルギーを、100メートルの間《あいだ》で、どのようにうまく使《つか》うかが重要《じゅうよう》です。スタートで力《ちから》を使《つか》い過《す》ぎてもいけないですし、後半《こうはん》にためようと思《おも》って使《つか》いきれずに終《お》わるのもいけません。

40ページでも紹介《しょうかい》したように、100メートルは60メートル付近《ふきん》で一番速《いちばんはや》いスピードになるように走《はし》ります。そのためには、自分《じぶん》でスピードをコントロールできる能力《のうりょく》が必要《ひつよう》です。

トライ! 切《き》りかえ走《そう》

スキップやサイドステップ、後《うし》ろ向《む》きなど、いろいろな動《うご》きと走《はし》りを組《く》み合《あ》わせて、スピードの変化《へんか》に対応《たいおう》したり、自分《じぶん》でコントロールしたりできるようになりましょう。

パターン① スキップ➡走《はし》り

トライ! 切《き》りかえ走《そう》

パターン② 走《はし》り➡スキップ

パターン③ 後《うし》ろ向《む》き走《はし》り➡走《はし》り

トライ! 切《き》りかえ走《そう》

パターン④　サイドステップ➡走《はし》り

パターン⑤　走《はし》り➡1回転《かいてん》ターン→走《はし》り

問題《もんだい》 25
中級《ちゅうきゅう》

短距離《たんきょり》で有利《ゆうり》なのは……？

1 体重《たいじゅう》が軽《かる》い選手《せんしゅ》

2 身長《しんちょう》が高《たか》い選手《せんしゅ》

3 足《あし》が大《おお》きい選手《せんしゅ》

hint《ヒント》

ウサイン・ボルト選手《せんしゅ》は190センチを超《こ》える長身《ちょうしん》ですが、トップ選手全員《せんしゅぜんいん》が大《おお》きいわけではありません。

25の答《こた》え ▶ どの選手《せんしゅ》ともいえない

▲人《ひと》のエネルギーはそれぞれ個人差《こじんさ》がある

なんで

体格《たいかく》よりも、持《も》っている力《ちから》を使《つか》いきれることが重要《じゅうよう》

人《ひと》が持《も》つエネルギー(エンジン) には個人差《こじんさ》があります。もちろん、体《からだ》の大《おお》きな選手《せんしゅ》は力強《ちからづよ》い走《はし》りをできることが多《おお》いです。しかし、その力《ちから》を出《だ》しきれない選《せん》手《しゅ》と、エンジンは小《ちい》さくてもあますところなく使《つか》える選手《せんしゅ》ではどちらが有利《ゆうり》でしょうか？　やはり、持《も》っているエネルギーを効率《こうりつ》よく使《つか》ったほうが速《はや》く走《はし》ることができます。

エンジンを大《おお》きくするのは大切《たいせつ》ですが、それは大学生《だいがくせい》になってからでも遅《おそ》くありません。それよりも、エネルギーをしっかりと使《つか》える能力《のうりょく》を今《いま》のうちから身《み》につけましょう。

問題《もんだい》 26
中級《ちゅうきゅう》

「スタートから最初《さいしょ》の5歩《ほ》」の目線《めせん》とイメージは？

1 ダンクシュート

2 ゴミ拾《ひろ》い

\ヒント/
hint

スタート直後《ちょくご》の姿勢《しせい》を思《おも》い出《だ》してみましょう！

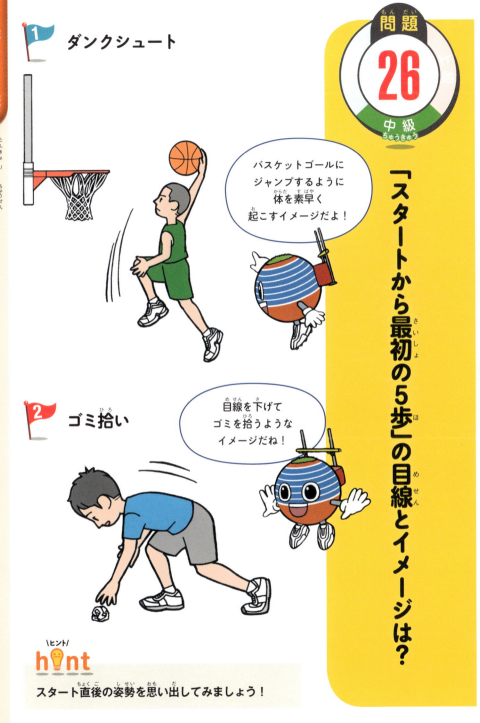

26の答《こた》え ▶ 2 ゴミ拾《ひろ》い

なんで

目線《めせん》を下《さ》げて低《ひく》い姿勢《しせい》でスタート

100メートルのスタート直後《ちょくご》に大切《たいせつ》なのは、重力《じゅうりょく》で倒《たお》れていく体《からだ》を支《ささ》え、低《ひく》い姿勢《しせい》で力《ちから》を地面《じめん》に加《くわ》えて進《すす》んでいくことです。選手《せんしゅ》それぞれの工夫《くふう》がありますが、トップスプリンターの中《なか》には「ゴミ拾《ひろ》い」「ベルトコンベアに乗《の》っている」などのイメージを持《も》ってスタートする選手《せんしゅ》がいます。みなさんも自分《じぶん》なりの工夫《くふう》をしてスタートで差《さ》をつけましょう。

こんなイメージも持《も》ってみよう！

「ベルトコンベアに乗《の》っている」……動《うご》く歩道《ほどう》のように、スーッと動《うご》いていくようなスムーズな加速《かそく》をしましょう。

「追《お》い風《かぜ》が吹《ふ》いている」……実際《じっさい》の風《かぜ》は関《かん》係《けい》なく、スタート前《まえ》のイメージトレーニングで絶好《ぜっこう》の追《お》い風《かぜ》に吹《ふ》かれて走《はし》るようなイメージを持《も》ってスタートしてみましょう。

問題《もんだい》 27 上級《じょうきゅう》

スターティングブロックの足《あし》の配置《はいち》は？

1 右足《みぎあし》が前《まえ》になる

2 左足《ひだりあし》が前《まえ》になる

3 両足《りょうあし》をそろえる

＼ヒント／
hint

足《あし》を置《お》くブロックは付《つ》け替《か》え式《しき》です。どれが一番《いちばん》、スタート時《じ》の加速《かそく》をしやすいでしょうか。

答《こた》えがわかったらページをめくってね

27の答《こた》え ▼ 決《き》まっていない

なんで

自分《じぶん》のスタートしやすい姿勢《しせい》と角度《かくど》で

スタートダッシュを決《き》めるために使《つか》うのがスターティングブロックです。公式《こうしき》の大会《たいかい》では、必《かなら》ずブロックを使《つか》ったクラウチングスタートが採用《さいよう》されています。

ブロックは足《あし》の位置《いち》と角度《かくど》を自分《じぶん》がスタートしやすい位置《いち》に変《か》えられるようになっています。どちらの足《あし》が前《まえ》かはルールで決《き》まっているわけではありません。スタートダッシュしやすいようにセッティングしてスタートを切《き》ります。

「重心《じゅうしん》を動《うご》かす」とは

スタートで大切《たいせつ》なのは、重心《じゅうしん》を素早《すばや》く前《まえ》に動《うご》かすことです。いくら必死《ひっし》に足《あし》を動《うご》かしても、重心《じゅうしん》が後《うし》ろにあったらなかなか前《まえ》に進《すす》めません。重心《じゅうしん》を進《すす》ませる感覚《かんかく》を知《し》りましょう。

この感覚《かんかく》を身《み》につけられるのが46ページにも出《で》てきた「ボール保持走《ほじそう》」という練《れん》習《しゅう》です。スタートの感覚《かんかく》とも似《に》ているのでおすすめです。

▲46ページで紹介《しょうかい》したメニューを振《ふ》り返《かえ》ってみよう

トライ!

ブロックをセッティングしてみよう

実際《じっさい》にスターティングブロックをセッティングしてみましょう。

やりかた

1 足《あし》の位置《いち》

「位置《いち》について、よーい……」といわれたときの構《かま》えをしてみましょう。どちらかの足《あし》が前《まえ》に出《で》ると思《おも》います。前《まえ》に出《で》た足《あし》が「前足《まえあし》」です。そちら側《がわ》のブロックを前《まえ》にします。

2 前足《まえあし》をセッティング

前足《まえあし》のブロックの位置《いち》を決《き》めます。ブロックに前足《まえあし》を置《お》いて、そのままヒザを下《お》ろしたときに、ちょうどヒザの真下《ました》にスタートラインが来《く》るようにセッティングします。

3 ブロックを固定《こてい》する

ブロックの本体《ほんたい》の裏《うら》にはとがった針《はり》のようなものがついています。足《あし》でしっかりと踏《ふ》んで固定《こてい》します。

4 前足《まえあし》の角度《かくど》を決《き》める

前足《まえあし》の角度《かくど》がどのくらいで出《で》やすいかを決《き》めます。スタートしたときの重心《じゅうしん》の角度《かくど》は35度《ど》から40度《ど》くらいです。その方向《ほうこう》に出《で》やすい角度《かくど》にセッティングしましょう。
＊角度《かくど》をつければつけるほど力《ちから》が必要《ひつよう》となる

5 後《うし》ろ足《あし》をセッティング

前足《まえあし》、体《からだ》の角度《かくど》を考《かんが》えたうえで、ちょうど構《かま》えやすい位置《いち》に後《うし》ろ足《あし》を設定《せってい》しましょう。

6 これでセッティング完了《かんりょう》!

1
2

3

4

5

トライ！ スタートしてみよう！

スターティングブロックの位置《いち》が決《き》まったら、あとは思《おも》いきってスタートするだけ。足《あし》だけ動《うご》かすのではなく、腕《うで》と一緒《いっしょ》にタイミングよく跳《と》び出《だ》しましょう。低《ひく》い姿勢《しせい》で跳《と》び出《だ》すのがポイントです！

オンユアマークス
（＝位置《いち》について）
セット
（よーい）
GO!

PO!NT

手《て》のひらはベタッとつかず少《すこ》し浮《う》かそう

ベタッと地面《じめん》に手《て》のひらをつけるよりも、少《すこ》し浮《う》かせたほうがスタートしやすいはず。試《ため》してみましょう。

問題《もんだい》 28

中級《ちゅうきゅう》

スタートラインに立《た》ったときに大事《だいじ》なのは？

1 ライバルに負《ま》けまいと闘争心《とうそうしん》を燃《も》やす

2 自分《じぶん》のレーンに集中《しゅうちゅう》する

3 1位《い》でゴールしたあとのことを考《かんが》える

ヒント hint

スタートの位置《いち》に立《た》ったら、コーチもお父《とう》さんもお母《かあ》さんも助《たす》けてくれません。自分一人《じぶんひとり》で戦《たたか》い抜《ぬ》くしかないのです。

答《こた》えがわかったらページをめくってね

28の答《こた》え ▶ 2 自分《じぶん》のレーンに集中《しゅうちゅう》する

なんで

自分《じぶん》のベストの走《はし》りができるように集中《しゅうちゅう》しよう

スタートラインに立《た》ったら、あとは0.1秒《びょう》でも速《はや》くゴールをめざすのみ。だれも助《たす》けてはくれません。ライバル、競《きょう》走相手《そうあいて》はいますが、大事《だいじ》なのは自分《じぶん》のレーンに集中《しゅうちゅう》して、自分《じぶん》のベストの走《はし》りをすることです。ライバルに勝《か》ちたいという気持《きも》ちは大切《たいせつ》ですが、実際《じっさい》のレースで隣《となり》の選手《せんしゅ》を意識《いしき》し過《す》ぎると力《りき》んでしまい、動《うご》きが小《ちい》さくなってしまうもの。冷《れい》静《せい》に、真《ま》っすぐゴールを見《み》すえてスタートしましょう。

問題《もんだい》29 上級《じょうきゅう》

短距離選手《たんきょりせんしゅ》の理想《りそう》の走《はし》り方《かた》って?

\ヒント/
hint

これまで練習《れんしゅう》してきたことを思《おも》い出《だ》せば答《こた》えは簡単《かんたん》です！

29の答《こた》え ▶ 理想《りそう》の走《はし》りに正解《せいかい》はない

なんで

体格《たいかく》や筋肉量《きんにくりょう》など個人差《こじんさ》がある

　走《はし》り方《かた》に「これだ！」という正解《せいかい》はありません。骨格《こっかく》や体格《たいかく》、持《も》っているエネルギー、筋力《きんりょく》……それらはすべて個々《ここ》によって差《さ》があるもの。理想《りそう》のフォームとは、体《からだ》に合《あ》っている、そして、一番速《いちばんはや》く走《はし》れるフォームのことです。

　大事《だいじ》なのは「型《かた》」ではなく、自分《じぶん》の体《からだ》の特徴《とくちょう》を理解《りかい》し、体《からだ》をうまく使《つか》って走《はし》ることです。スプリントに「正解《せいかい》」はないのです！

第《だい》5章《しょう》

跳《ちょう》躍《やく》種《しゅ》目《もく》に挑《ちょう》戦《せん》しよう

遠《とお》くに、高《たか》く跳《と》ぶための テクニックを学《まな》ぼう

もっと高《たか》く、もっと遠《とお》くへ！ 思《おも》いっきりジャンプしよう

「走《そう》・跳《ちょう》・投《とう》」といわれる陸上競技《りくじょうきょうぎ》の「跳《ちょう》」にあたる跳躍種目《ちょうやくしゅもく》。その名《な》の通《とお》りジャンプする競技《きょうぎ》です。走幅《はしりはば》跳《とび》をはじめ、陸上競技《りくじょうきょうぎ》のなかでも人《にん》気《き》の種目《しゅもく》であり、体育《たいいく》の授業《じゅぎょう》でも挑《ちょう》戦《せん》したことがあるのではないでしょうか。

ここでは、走幅跳《はしりはばとび》を中心《ちゅうしん》に、跳躍《ちょうやく》の基本動作《きほんどうさ》を覚《おぼ》えていきます。実《じつ》は第《だい》3章《しょう》のコオーディネーション、第《だい》4章《しょう》の短距離《たんきょり》の技術《ぎじゅつ》とも関係《かんけい》していますので、そのことも考《かんが》えながら挑《ちょう》戦《せん》してみましょう。

問題《もんだい》30

初級《しょきゅう》

跳躍選手《ちょうやくせんしゅ》に必要《ひつよう》なのは？

1 やっぱりバネ！

2 助走《じょそう》で大事《だいじ》なスピード！

3 力強《ちからづよ》い踏《ふ》み切《き》りで必要《ひつよう》なパワー！

4 空中《くうちゅう》で崩《くず》れないバランス！

ヒント
hint

実際《じっさい》にジャンプするときのことを想像《そうぞう》してみましょう。

答《こた》えがわかったらページをめくってね

30の答《こた》え▼ 全《ぜん》部《ぶ》必《ひつ》要《よう》！

なんで

地面《じめん》から得《え》た反発《はんぱつ》を ジャンプする力《ちから》に変《か》える

ジャンプ系《けい》の種目《しゅもく》と聞《き》いて、思《おも》い浮《う》かぶのはやはり「バネ」です。ここでいう「バネ」とは、筋力《きんりょく》や腱《けん》の強《つよ》さなど身体能力的《しんたいのうりょくてき》なものを指《さ》します。ただ、バネだけでは遠《とお》くに、高《たか》く跳《と》ぶことはできません。これまで学《まな》んだ通《とお》り、体《からだ》を思《おも》った通《とお》りに動《うご》かして、地面《じめん》から得《え》た反発《はんぱつ》をどれだけ体幹《たいかん》を通《とお》して全身《ぜんしん》に伝《つた》えるかが大切《たいせつ》です。

走《はし》る動作《どうさ》と違《ちが》うように思《おも》えますが、力《ちから》を出《だ》す方向《ほうこう》、進《すす》む方向《ほうこう》が違《ちが》うだけで、動《うご》きの本質《ほんしつ》は変《か》わりません。

これ知《し》ってる？ 跳躍種目《ちょうやくしゅもく》はどれだけある？

陸上競技《りくじょうきょうぎ》として行《おこな》われている跳躍種目《ちょうやくしゅもく》は「走高跳《はしりたかとび》」「棒高跳《ぼうたかとび》」「走幅《はしりはば》跳《とび》」「三段跳《さんだんとび》」の４種目《しゅもく》です。

今回《こんかい》は、走幅跳《はしりはばとび》を見本《みほん》に跳躍《ちょうやく》の基本《きほん》を覚《おぼ》えていきます。また、ハードル種目《しゅもく》も跳躍《ちょうやく》に近《ちか》い感覚《かんかく》なので、跳躍《ちょうやく》の基本《きほん》をマスターすればハードルにも生《い》かせます。挑戦《ちょうせん》してみましょう！

跳躍種目《ちょうやくしゅもく》は……

- 走高跳《はしりたかとび》
- 棒高跳《ぼうたかとび》
- 走幅跳《はしりはばとび》
- 三段跳《さんだんとび》

問題《もんだい》 31
初級《しょきゅう》

跳躍種目《ちょうやくしゅもく》の4つの流《なが》れとは？ ○に漢字《かんじ》かひらがなを入《い》れてみよう。

助走《じょそう》

↓

○○○○

↓

空中動作《くうちゅうどうさ》

↓

○○

ヒント
hint

ジャンプする瞬間《しゅんかん》の動作《どうさ》と、砂場《すなば》に入《はい》るときのことです。

31の答《こた》え▼

着地《ちゃくち》 ← 空中動作《くうちゅうどうさ》 ← 踏《ふ》み切《き》り ← 助走《じょそう》

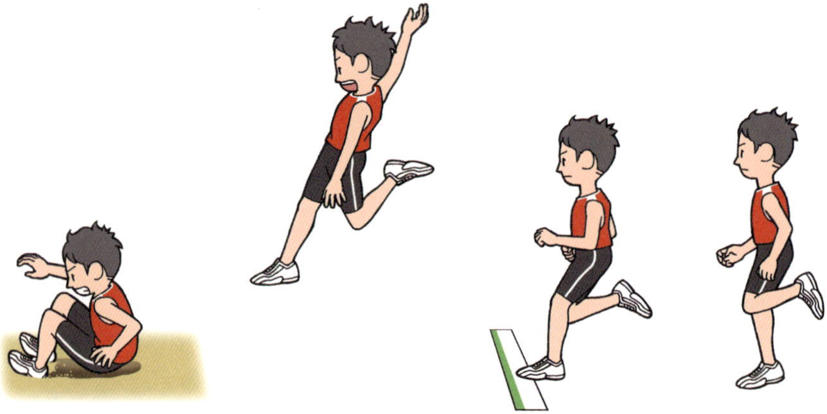

ポイントを押《お》さえることで より遠《とお》くに跳《と》べる

どの跳躍種目《ちょうやくしゅもく》も、一連《いちれん》の流《なが》れはこの４つの局面《きょくめん》でできています。

スピードに乗《の》った助走《じょそう》から、力強《ちからづよ》く踏《ふ》み切《き》り、バランスの取《と》れた空中動作《くうちゅうどうさ》を行《おこな》い、距離《きょり》を無駄《むだ》にしない着地《ちゃくち》をします。さまざまなポイントを押《お》さえないといけないのが跳躍種目《ちょうやくしゅもく》なのです。一気《いっき》にすべてのことを行《おこな》うのはむずかしいので、一《ひと》つひとつ分《わ》けてテクニックを学《まな》んでいきましょう。

問題《もんだい》 32

初級《しょきゅう》

走幅跳《はしりはばとび》の踏《ふ》み切《き》りでファールになるのは？

1 茶色《ちゃいろ》のところを踏《ふ》む

2 白色《しろいろ》のところを踏《ふ》む

3 緑色《みどりいろ》のところを踏《ふ》む

＼ヒント／
hint

踏《ふ》み切《き》りをする位置《いち》が決《き》まっています。

答《こた》えがわかったらページをめくってね

32の答《こた》え

▼

3

緑《みどり》色《いろ》のところを踏《ふ》む

なんで

踏《ふ》み切《き》り板《ばん》を越《こ》えてしまったらファール

走幅跳《はしりはばとび》では踏《ふ》み切《き》りをする場所《ばしょ》が決《き》まっています。その場所《ばしょ》にあるのが、「踏《ふ》み切《き》り板《ばん》」です。そこを越《こ》えてしまうと、どれだけ遠《とお》くに跳《と》んでもファールと判定《はんてい》されます。ちなみに、それよりも手前《てまえ》で跳《と》んでもファールにはなりませんが、踏《ふ》み切《き》り板《ばん》から距離《きょり》を計測《けいそく》しますので損《そん》をすることになります。より踏《ふ》み切《き》り板《ばん》に近《ちか》い場所《ばしょ》からジャンプすることが好記録《こうきろく》につながるのです。

これ知《し》ってる?

どこが踏《ふ》み切《き》り板《ばん》?

測定《そくてい》は踏《ふ》み切《き》り板《ばん》の端《はし》から測定《そくてい》します。これは手前《てまえ》から踏《ふ》み切《き》っても同《おな》じです。踏《ふ》み切《き》り板《ばん》の前《まえ》には粘土板《ねんどばん》があり、ここに跡《あと》が付《つ》いた場合《ばあい》はファールと判定《はんてい》されます。また、踏《ふ》み切《き》ってから砂場《すなば》より前《まえ》のトラック部分《ぶぶん》に1歩目《ぼめ》を着《つ》いてしまうと、測定《そくてい》できないため「記録《きろく》なし」となってしまいます。

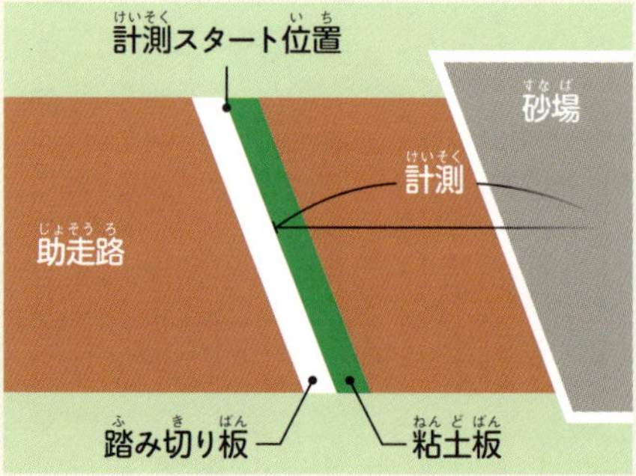

トライ! カカトジャンプ

カカトでジャンプすることで、跳躍《ちょうやく》に必要《ひつよう》な「背中《せなか》の“あおり”」を使《つか》えるようになりましょう。これは、タイミングよく背中《せなか》で勢《いきお》いをつけるような、全身《ぜんしん》の反動《はんどう》を使《つか》うようなイメージです。カカトだけを地面《じめん》につくことで、力《ちから》をうまく発揮《はっき》しやすくなります。つま先《さき》をついてしまうと“あおり”をうまく使《つか》えないのでNGです。

▶背中《せなか》を倒《たお》したまま跳《と》んでいる。背中《せなか》の“あおり”が使《つか》えていない

パターン①
手《て》あり

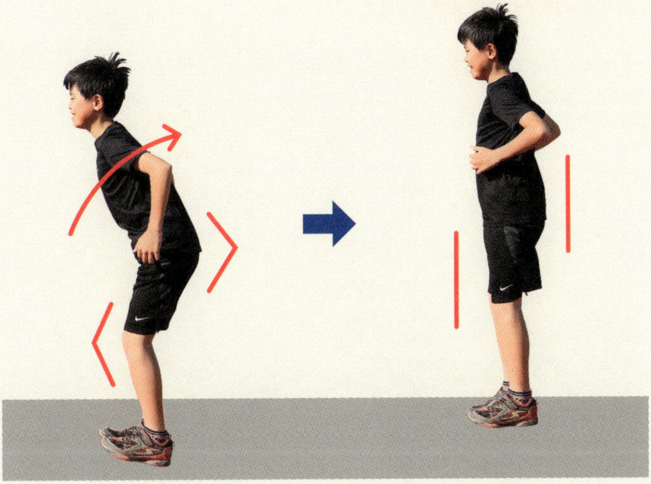

▶つま先《さき》を上《あ》げて、カカトだけでジャンプ。タイミングよく手《て》の反動《はんどう》を使《つか》おう

パターン②
手《て》なし

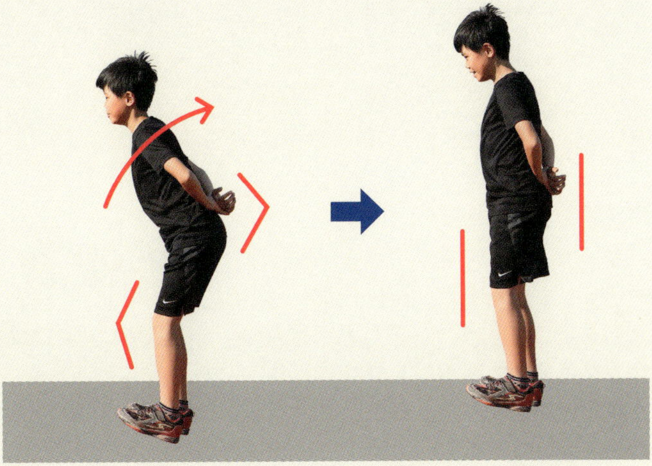

▶手《て》を腰《こし》の後《うし》ろで組《く》み、手《て》の反動《はんどう》を使《つか》わずにカカトだけでジャンプ

トライ！ ツーステップのギャロップで体《からだ》が伸《の》び上《あ》がる感覚《かんかく》をつかむ

70ページで行《おこな》った4足《そく》でのギャロップの感覚《かんかく》を2足《そく》で行《おこな》います。ツーステップの連続《れんぞく》で進《すす》んでいくギャロップの動《うご》きでは、両足《りょうあし》をセットで動《うご》かすことが重要《じゅうよう》です。この動《うご》きは、跳躍《ちょうやく》やハードルの踏《ふ》み切《き》りに入《はい》る最後《さいご》の2歩《ほ》と同《おな》じもの。地面《じめん》をしっかりと踏《ふ》んで、地面《じめん》から反発《はんぱつ》を得《え》て体《からだ》を引《ひ》き上《あ》げる感覚《かんかく》を習得《しゅうとく》できます。

両足《りょうあし》とも
できるようになろう！

タ
タン

やりかた

「タ・タン、タ・タン……」とツーステップで進《すす》みます。体《からだ》を「グーッ」と引《ひ》き上《あ》げるようにしましょう。スキップは前足《まえあし》と後《うし》ろ足《あし》を交互《こうご》に入《い》れかえますが、ギャロップは必《かなら》ず片方《かたほう》の足《あし》が先行《せんこう》します。

PO!NT

①前足《まえあし》で力強《ちからづよ》く地面《じめん》を踏《ふ》んで跳《は》ねる
②体《からだ》を引《ひ》き上《あ》げる
③視線《しせん》は前《まえ》を向《む》く

問題《もんだい》

33

中級《ちゅうきゅう》

踏《ふ》み切《き》ったとき、ヒザはどの方向《ほうこう》に向《む》かってとび出《だ》す？

1 高《たか》く跳《と》ぶために真上《まうえ》に

2 遠《とお》くを意識《いしき》してななめに

3 距離《きょり》を意識《いしき》して前方《ぜんぽう》に

ヒント
hint

進《すす》みたい方向《ほうこう》はどこでしょう。

33の答《こた》え

2

遠《とお》くを意識《いしき》してななめに

なんで

ヒザで扉《とびら》を開《ひら》くイメージで一気《いっき》にとび出《だ》す

足裏《あしうら》から得《え》た反発《はんぱつ》を、体幹《たいかん》を通《とお》して力《ちから》に変《か》えるという基本《きほん》は走《はし》るのも、跳《と》ぶのも同《おな》じです。そのエネルギーをどの方向《ほうこう》に向《む》けるかで、走《はし》るのか跳《と》ぶのかが変《か》わってきます。走幅跳《はしりはばとび》の進《すす》みたい方向《ほうこう》はななめ前方《ぜんぽう》なので、勢《いきお》いよくヒザで扉《とびら》を開《ひら》くイメージで、ななめにとび出《だ》しましょう。

トライ! スキップでとび出《だ》すイメージをつくる

踏《ふ》み切《き》りの感覚《かんかく》、体《からだ》を浮《う》かせる感覚《かんかく》、進《すす》みたい方向《ほうこう》に力《ちから》を出《だ》す感覚《かんかく》を、3種類《しゅるい》のスキップでつかんでいきます。

パターン①
通常《つうじょう》のスキップ

パターン②
高《たか》いスキップ

●普通《ふつう》のスキップよりも浮《う》き上《あ》がるイメージで行《おこな》います

パターン③
低《ひく》く遠《とお》くへのスキップ

●浮《う》き上《あ》がるよりも前《まえ》へ、素早《すば》く移動《いどう》するように行《おこな》います

問題《もんだい》
34
中級《ちゅうきゅう》

ジャンプしたあと、着地《ちゃくち》するまでの空中《くうちゅう》で、何《なに》を考《かん》える？

ヒント
hint

跳躍《ちょうやく》の４つの流《なが》れで、空中動作《くうちゅうどうさ》の次《つぎ》は何《なん》だったでしょう。

34の答《こた》え ▼

バランスを取《と》って、うまく着地《ちゃくち》することを考《かんが》える

なんで

空中《くうちゅう》に浮《う》いているのは一瞬《いっしゅん》

踏《ふ》み切《き》って跳《と》び出《だ》してしまったら、何《なに》かを大《おお》きく改善《かいぜん》することはできません。空中《くうちゅう》に浮《う》いている時間《じかん》は長《なが》くありませんので、それほど動《うご》く余《よ》裕《ゆう》はないのです。短《みじか》い時間《じかん》のなかで、少《すこ》しでもバランスを保《たも》ち、うまく着地《ちゃくち》できるように空中動作《くうちゅうどうさ》を行《おこな》いましょう。

トライ!

フットタッチで空中動作《くうちゅうどうさ》を身《み》につける

ジャンプしたあとに足《あし》にタッチする動作《どうさ》で、空中《くうちゅう》でのバランスの取《と》り方《かた》や、着地《ちゃくち》までの準備《じゅんび》を習得《しゅうとく》します。踏《ふ》み切《き》りから着地《ちゃくち》までの間《あいだ》に、体《からだ》をうまく使《つか》えるように考《かんが》えるクセをつけましょう。

やりかた

10メートルほどの助走《じょそう》からミニハードルを目印《めじるし》に置《お》いて片足《かたあし》で踏《ふ》み切《き》ります。それぞれ体《からだ》の部位《ぶい》にタッチして着地《ちゃくち》します。

パターン① ヒザにタッチ

▲踏《ふ》み切《き》ったあと、両《りょう》ヒザにタッチして着地《ちゃくち》する

パターン② つま先《さき》にタッチ

▲踏《ふ》み切《き》ったあと、両足《りょうあし》のつま先《さき》にタッチして着地《ちゃくち》する

パターン③ カカトにタッチ

▲踏《ふ》み切《き》ったあと、両足《りょうあし》のカカトにタッチして着地《ちゃくち》する

問題《もんだい》

35

中級《ちゅうきゅう》

砂場《すなば》に着地《ちゃくち》するとき、大切《たいせつ》なのは？

1 ギリギリまで耐《た》えて突《つ》き刺《さ》さる

2 ギリギリまで耐《た》えて滑《すべ》り込《こ》む

＼ヒント／
hint

踏《ふ》み切《き》った足《あし》は前《まえ》に出《だ》します。さて、どんなイメージで着地《ちゃくち》したら記録《きろく》が伸《の》ばせるでしょうか。

これ知《し》ってる？

走幅跳《はしりはばとび》の3つのフォーム

始《はじ》めたばかりの選手《せんしゅ》はかがみ跳《と》びが基本《きほん》動作《どうさ》となります。慣《な》れてきたら自分《じぶん》に合《あ》った跳躍《ちょうやく》フォームを探《さが》していきましょう。

難易度《なんいど》★

●かがみ跳《と》び

踏《ふ》み切《き》り脚《あし》が後《うし》ろにあり、着地《ちゃくち》する前《まえ》に振《ふ》り出《だ》した脚《あし》（リード脚《あし》）とそろえて着地《ちゃくち》します。

難易度《なんいど》★★

●そり跳《と》び

その名《な》の通《とお》り、体《からだ》を大《おお》きくそります。かがみ跳《と》びとは逆《ぎゃく》にリード脚《あし》を踏《ふ》み切《き》り脚《あし》にそろえ、着地《ちゃくち》直前《ちょくぜん》に体《からだ》のそりを利用《りよう》して腕《うで》と脚《あし》を前《まえ》で交差《こうさ》させます。

難易度《なんいど》★★★

●はさみ跳《と》び

助走《じょそう》のスピードを生《い》かす跳躍《ちょうやく》で、空中《くうちゅう》で走《はし》っているように脚《あし》と腕《うで》を回《まわ》します。

答《こた》えがわかったらページをめくってね

35の答《こた》え ▼ 2

ギリギリまで耐《た》えて滑《すべ》り込《こ》む

なんで

滑《すべ》り込《こ》むことで少《すこ》しでも前《まえ》に行《い》ける

　着地《ちゃくち》は基本的《きほんてき》に足《あし》→お尻《しり》の順番《じゅんばん》で行《おこな》います。助走《じょそう》の勢《いきお》いを生《い》かした跳《ちょう》躍《やく》ができていれば、真《ま》っすぐに突《つ》き刺《さ》さることはありません。両足《りょうあし》から砂場《すなば》に入《はい》ると、勢《いきお》いがあれば両足《りょうあし》→お尻《しり》と滑《すべ》り込《こ》むことができます。両《りょう》足《あし》の着《つ》いた位置《いち》にお尻《しり》を滑《すべ》り込《こ》ませることが、もっとも飛距離《ひきょり》を稼《かせ》ぐことができる着地《ちゃくち》です。

　突《つ》き刺《さ》さってしまった場合《ばあい》は、そこで勢《いきお》いが止《と》まり、足《あし》よりも手前《てまえ》にお尻《しり》をついてしまいます。跳躍競技《ちょうやくきょうぎ》は数《すう》センチで勝負《しょうぶ》が決《き》まるもの。着《ちゃく》地《ち》での無駄《むだ》を少《すこ》しでもなくしていきましょう。

トライ！ 着地《ちゃくち》を分割《ぶんかつ》して練習《れんしゅう》しよう

　着地《ちゃくち》は記録《きろく》を伸《の》ばすための大切《たいせつ》なテクニックです。少《すこ》しでも距離《きょり》をかせぐために、着地《ちゃくち》の基本動作《きほんどうさ》をいくつかの段階《だんかい》に分《わ》けて習得《しゅうとく》していきましょう。1 2ともに10メートルほどの助走《じょそう》から踏《ふ》み切《き》ります。

1 踏《ふ》み切《き》り↓両足《りょうあし》着地《ちゃくち》↓お尻《しり》をつく

2 踏《ふ》み切《き》り↓ヒザをリード脚《あし》にそろえる↓両足《りょうあし》着地《ちゃくち》↓お尻《しり》をつく

PO!NT

①フットタッチで覚《おぼ》えた手《て》の動《うご》きを利用《りよう》してバランスを取《と》りましょう

②両足《りょうあし》を着地《ちゃくち》したあと、前《まえ》に行《い》かずお尻《しり》をつきましょう。
勢《いきお》いがあれば、足《あし》の場所《ばしょ》にお尻《しり》が滑《すべ》り込《こ》みます

問題《もんだい》 36
中級《ちゅうきゅう》

助走《じょそう》をしていて踏《ふ》み切《き》りが合《あ》わなそうだったら……？

1 あきらめて次《つぎ》の跳躍《ちょうやく》にかける！

2 何《なん》とか合《あ》わせにいってみる！

答《こた》えがわかったらページをめくってね

36の答《こた》え ▶ 2 何《なん》とか合《あ》わせにいってみる！

なんで

着地《ちゃくち》まであきらめない！

風《かぜ》や調子《ちょうし》によって、助走《じょそう》が変《か》わってしまい、毎回同《まいかいおな》じ跳躍《ちょうやく》ができるとは限《かぎ》りません。どうしてもバランスが崩《くず》れてしまいますが、そんななかでもしっかりと両《りょう》足《あし》での着地《ちゃくち》にもっていく能力《のうりょく》が必要《ひつよう》となります。

想像《そうぞう》していた通《とお》りの助走《じょそう》ができなくても、あせらず、あきらめず、しっかりと踏《ふ》み切《き》って着地《ちゃくち》できるように練習《れんしゅう》しましょう。

トライ!

ミニハードル連続《れんぞく》ジャンプ➡踏《ふ》み切《き》り

ミニハードルでも踏《ふ》み切《き》りを行《おこな》うと、逆《ぎゃく》脚《あし》で踏《ふ》み切《き》る必要《ひつよう》があります。また、ミニハードルがあることで、本来《ほんらい》の得意《とくい》としている足《あし》で踏《ふ》み切《き》ってもうまく踏《ふ》み切《き》れないかもしれません。

どちらの足《あし》でも踏《ふ》み切《き》れるようなバランス感覚《かんかく》を養《やしな》う目的《もくてき》が一《ひと》つ。そしてもう一《ひと》つは、苦手《にがて》なほうで踏《ふ》み切《き》ることで、得意《とくい》なほうが「本当《ほんとう》に跳《と》びやすい」と知《し》る効果《こうか》もあります。

やりかた

20～25メートルの助走路《じょそうろ》で2～3メートル間隔《かんかく》でハードルを3台置《だいお》き、それぞれ勢《いきお》いをつけて踏《ふ》み切《き》ります。

最後《さいご》は正規《せいき》の踏《ふ》み切《き》り板《ばん》に向《む》かってスピードを上《あ》げて踏《ふ》み切《き》り、両足《りょうあし》&お尻着地《しりちゃくち》まで行《おこな》います。

第《だい》6章《しょう》

投《とう》てき種目《しゅもく》に挑戦《ちょうせん》しよう

物《もの》を遠《とお》くに飛《と》ばすために必要《ひつよう》な体《からだ》の動《うご》かし方《かた》

走《はし》るのも、跳《と》ぶのも、投《な》げるのも基本《きほん》は同《おな》じ

いよいよ、走跳投《そうちょうとう》の「投《とう》」の部分《ぶぶん》についてお話《はな》しします。体育《たいいく》の授業《じゅぎょう》や体力測定《たいりょくそくてい》でも、ソフトボール投《な》げなどの「投《とう》てき」をすることがあります。

「投《な》げる」と聞《き》くと、野球《やきゅう》などの球技《きゅうぎ》が得意《とくい》であったり、肩《かた》が強《つよ》い人《ひと》が有利《ゆうり》だったりというイメージがあると思《おも》います。しかし、「投《な》げる」という動作《どうさ》の基本《きほん》は、これまで学《まな》んできた「走《はし》る」「跳《と》ぶ」と共通《きょうつう》していて、「投《な》げる」ことだけが特別《とくべつ》なことではありません。

ここからは、物《もの》を遠《とお》くに飛《と》ばすという「投《とう》てき」動作《どうさ》の基本《きほん》を覚《おぼ》えていきましょう。

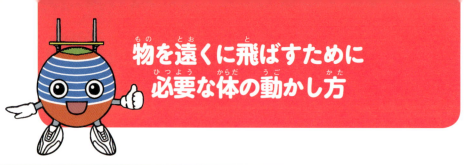

問題《もんだい》 37

初級《しょきゅう》

物《もの》を遠《とお》くに飛《と》ばすために、はじめに力《ちから》を出《だ》すのはどこ？

1. 肩《かた》
2. 腕《うで》
3. 手首《てくび》
4. 腰《こし》
5. 足《あし》

ヒント
hint

走《はし》るときにはどこからエネルギーを得《え》たでしょう。

37の答《こた》え ▶ 5 足《あし》

肩《かた》やヒジだけで投《な》げることを「手投《てな》げ」といいます。手《て》投《な》げになると、投《とう》てき物《ぶつ》が飛《と》ばないか、無理《むり》をしてケガにつながってしまいます。

体全体《からだぜんたい》をうまく使《つか》って投《な》げるようにトレーニングしていきましょう。

なんで

地面《じめん》から得《え》たエネルギーを投《とう》てき物《ぶつ》まで伝《つた》える

走《はし》ることと同様《どうよう》に、足裏《あしうら》の反発《はんぱつ》を使《つか》って得《え》たエネルギーからすべてが始《はじ》まります。

もちろん、もともとの肩《かた》の強《つよ》さや力《ちから》のある・なしも飛距離《ひきょり》には関係《かんけい》しますが、この基本《きほん》ができていなければ、いくら力《ちから》がある人《ひと》でも投《とう》てき物《ぶつ》を遠《とお》くに飛《と》ばすことはできません。

これ知《し》ってる？

投《とう》てき種目《しゅもく》はどれだけある？

陸上競技《りくじょうきょうぎ》として世界大会《せかいたいかい》で行《おこな》われている投《とう》てき種目《しゅもく》は「砲丸投《ほうがんなげ》」「円盤投《えんばんなげ》」「ハンマー投《なげ》」「やり投《なげ》」の4種目《しゅもく》です。年代《ねんだい》によって実施《じっし》されている種目《しゅもく》や、投《とう》てき物《ぶつ》の重《おも》さが違《ちが》ってきます。

今回《こんかい》は、中学生《ちゅうがくせい》の全国大会《ぜんこくたいかい》・ジュニアオリンピックや全国小学生陸上交流大会《ぜんこくしょうがくせいりくじょうこうりゅうたいかい》でも実施《じっし》されているジャベリックボール投《なげ》（やり投《なげ》に似《に》ています）を見本《みほん》に投《とう》てきの基本的《きほんてき》動作《どうさ》を学《まな》んでいきましょう。

▶ジャベリックボール

POINT

足裏《あしうら》から力《ちから》を伝《つた》える感覚《かんかく》を覚《おぼ》える

ボールを遠《とお》くに投《な》げようと思《おも》うとき、みなさんはどうやって投《な》げますか？　ボールを持《も》って助走《じょそう》することでしょう。

陸上競技《りくじょうきょうぎ》の投《とう》てき種目《しゅもく》でも投《な》げる前《まえ》の動作《どうさ》は、飛距離《ひきょり》と大《おお》きく関係《かんけい》しています。しかし、どれだけ速《はや》く走《はし》っても、そこで得《え》た力《ちから》を投《とう》てき物《ぶつ》まで伝《つた》えられなければ、助走《じょそう》をせずに立《た》ったまま投《な》げたときと飛距離《ひきょり》は変《か》わりません。

まずは、助走《じょそう》をせずに、足裏《あしうら》から投《とう》てき物《ぶつ》まで力《ちから》を伝《つた》えて投《な》げる感覚《かんかく》を覚《おぼ》えてみましょう。ここで大切《たいせつ》なのは、飛距離《ひきょり》を出《だ》すことではありません。そのため、思《おも》いっきり力《ちから》を出《だ》さなくても大丈夫《だいじょうぶ》です。振《ふ》りかぶってから投《な》げるときに、おへそ＝重心《じゅうしん》が動《うご》き、体《からだ》をしならせて前《まえ》に進《すす》む感覚《かんかく》を感《かん》じ取《と》ってみてください。

トライ!

ワンステップ・バイハンドスローで全身《ぜんしん》を使《つか》って投《な》げる感覚《かんかく》を知《し》ろう

● おなかが「くの字《じ》」に折《お》れる
● お尻《しり》が後《うし》ろに出《で》ている

やりかた

まずは両脚《りょうあし》を肩幅《かたはば》くらいまで開《ひら》いて立《た》ち、ボールを両手《りょうて》で頭《あたま》の上《うえ》で持《も》ちます。右手投《みぎてな》げの場合《ばあい》は左足《ひだりあし》を前《まえ》にして上《あ》げ、ボールを頭《あたま》の後《うし》ろから振《ふ》りかぶり、その反動《はんどう》で両手《りょうて》を使《つか》って投《な》げます。後《うし》ろ足《あし》は地面《じめん》に着《つ》いたままです。

POINT

①腕《うで》と一緒《いっしょ》に顔《かお》が下《さ》がらないように
②顔《かお》の高《たか》さよりも上《うえ》の方向《ほうこう》へ投《な》げます
③おなかまわりに力《ちから》を入《い》れます
④ヒザ、つま先《さき》を真《ま》っすぐ出《だ》します

問題《もんだい》 38
中級《ちゅうきゅう》

体《からだ》の〝しなり〟に一番《いちばん》近《ちか》いのは？

1 えんぴつ

2 けしゴム

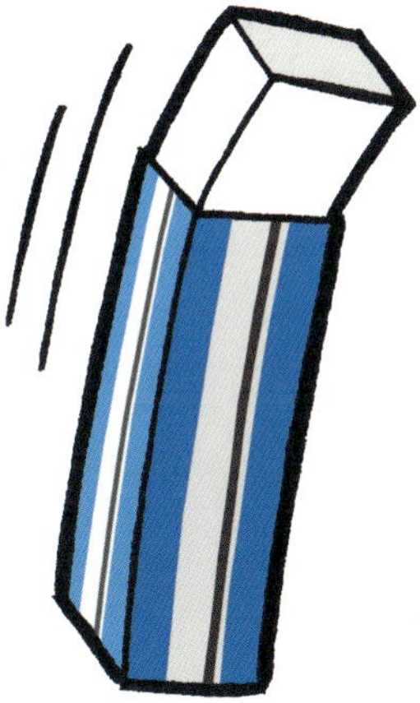

3 ノート

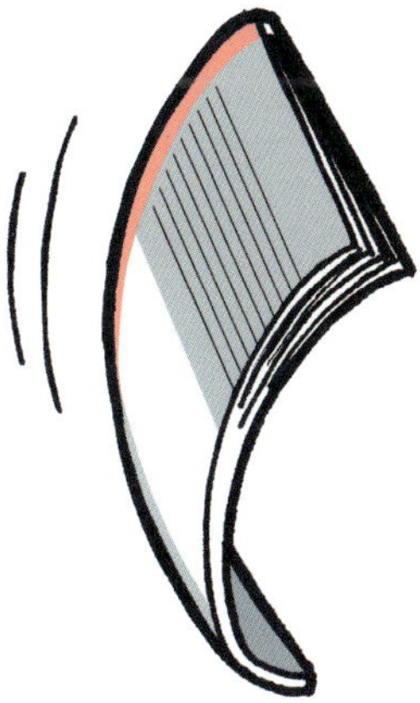

4 定規《じょうぎ》

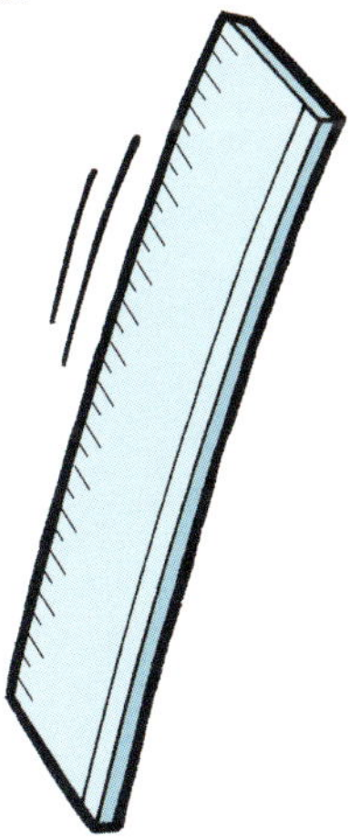

＼ヒント／
hint

「ピョーン」としなりそうなのは……？

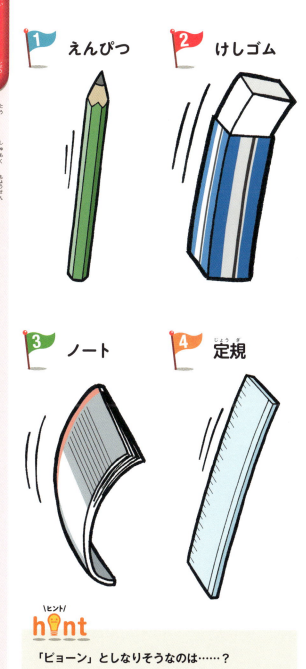

38の答《こた》え

4

定規《じょうぎ》

なんで

やわらかくしなり、素早《すばや》く元《もと》に戻《もど》る力《ちから》が大切《たいせつ》

定規《じょうぎ》（薄《うす》めのプラスチック製《せい》のもの）を片手《かたて》で持《も》ち、しならせてから弾《はじ》いてみてください。その動《うご》きが投《とう》てき物《ぶつ》を遠《とお》くに飛《と》ばすために必要《ひつよう》な感覚《かんかく》です。竹《たけ》がしなる様子《ようす》とも似《に》ています。体幹《たいかん》を使《つか》って投《な》げないと、この体《からだ》のしなりは生《う》まれません。

トライ!

足《あし》をそろえたバイハンドスローで体《からだ》のしなりを感《かん》じよう

126ページで行《おこな》ったバイハンドスローの中級向《ちゅうきゅうむ》けとして、両足《りょうあし》をそろえて行《おこな》います。そろえることで足《あし》を使《つか》うことができなくなります。遠《とお》くに飛《ちば》ばすためには体幹《たいかん》をしならせないといけないのです。このようにあえて動《うご》きを制限《せいげん》して体幹《たいかん》のしなりを感《かん》じることで、足《あし》を使《つか》って投《な》げるときにより自分《じぶん》の体《からだ》をコントロールできるようになります。

やりかた

両手《りょうて》でボールを持《も》ち、両足《りょうあし》をそろえます。足《あし》をそろえ、地面《じめん》につけたまま、ボールを両手《りょうて》で振《ふ》りかぶって投《な》げます。

PO!NT

①両足《りょうあし》をしっかりそろえます

②投《な》げ終《お》わったあとは手《て》を止《と》めずに振《ふ》り切《き》ります（フォロースルー）

③目線《めせん》を真《ま》っすぐにします

問題《もんだい》

39

中級《ちゅうきゅう》

「スナップをきかせる」とは手首《てくび》をどういう風《ふう》にすること?

1. 手首《てくび》を固定《こてい》すること
2. 手首《てくび》をタイミングよく振《ふ》ること
3. 手首《てくび》をねじること

ヒント
hint

ボールを放《はな》す瞬間《しゅんかん》にこの動作《どうさ》をすることで、より遠《とお》くに投《な》げることができます。

答《こた》えがわかったらページをめくってね

39の答《こた》え ▶ 2 手首《てくび》をタイミングよく振《ふ》ること

なんで

すべての力《ちから》を投《とう》てき物《ぶつ》に伝《つた》える

ボールを放《はな》す（＝リリース）タイミングに合《あ》わせて手首《てくび》を振《ふ》ることを「スナップ」といいます。なぜスナップをきかせるかというと、指先《ゆびさき》までしっかりと使《つか》いきるためです。最後《さいご》まで力《ちから》を投《とう》てき物《ぶつ》に伝《つた》えるためには、投《とう》てき物《ぶつ》が指《ゆび》に「かかる」感覚《かんかく》が重要《じゅうよう》になってきます。

トライ！ 下手《したて》ボールパスで手首《てくび》のスナップを使《つか》う

手首《てくび》を使《つか》った手離《てばな》れの感覚《かんかく》は、上手《うわて》から投《な》げるよりも、下手《したて》で前方《ぜんぽう》に投《な》げたほうがより手首《てくび》のスナップを使《つか》う意識《いしき》を持《も》てます。猿《さる》は、仲間同士《なかまどうし》で物《もの》を渡《わた》すとき、下手投《したてな》げで渡《わた》します。手首《てくび》のスナップは、効率《こうりつ》よく力《ちから》を物《もの》に伝《つた》える原始的《げんしてき》な動作《どうさ》といいかえることもできそうですね。

POINT

①下《した》から投《な》げることで、自然《しぜん》とスナップがきくようになります
②真《ま》っすぐ前《まえ》にボールが飛《と》ぶように放《はな》します
③少《すこ》し勢《いきお》いをつけることでおへそ（重心《じゅうしん》）が進《すす》む感覚《かんかく》をつかみましょう

やりかた

両脚《りょうあし》を開《ひら》いて半身《はんみ》に構《かま》えます（右手投《みぎてな》げの場合《ばあい》は右脚《みぎあし》が前《まえ》）。ボールが地面側《じめんがわ》になるように持《も》ち、下《した》から上《うえ》へと振《ふ》りながら前方《ぜんぽう》にボールを投《な》げます。足《あし》を少《すこ》し浮《う》かせて勢《いきお》いをつけますが、後《うし》ろ足《あし》のつま先《さき》は地《じ》面《めん》から離《はな》れないようにします。

問題《もんだい》
40
中級《ちゅうきゅう》

スナップをきかせるためには、ヒジがどうなっている瞬間《しゅんかん》にボールをリリースする？

ヒント
hint

ヒジは曲《ま》げる、伸《の》ばす、回《まわ》すなどの動《うご》きをします。

 答《こた》えがわかったらページをめくってね

40の答《こた》え ▶ ヒジが伸《の》びた瞬間《しゅんかん》にリリース

なんで

ヒジを軸《じく》にしていることが大前提《だいぜんてい》 タイミングよくボールを放《はな》そう

ヒジを軸《じく》にしてしっかりと固定《こてい》して振《ふ》ることで、スナップをきかせた投《な》げ方《かた》ができるようになります。ヒジを固定《こてい》していた場合《ばあい》、腕《うで》が真《ま》っすぐになった瞬間《しゅんかん》にボールを放《はな》したほうがより力《ちから》を加《くわ》えられます。早《はや》く放《はな》し過《す》ぎるとスナップはききますが角度《かくど》を調整《ちょうせい》することができずに遠《とお》くまで飛《と》ばせません。逆《ぎゃく》に遅《おそ》すぎると、スナップをきかせられずに下《した》に落《お》ちる投《な》げ方《かた》になります。

トライ!

ヒジを固定《こてい》して投《な》げてみよう

両足《りょうあし》をそろえて立《た》ち、ヒジを目線《めせん》の位置《いち》でキープ。ヒジを支点《してん》にしてボールを投《な》げます。

▲スナップはきかせられるが、推進力《すいしんりょく》が出《で》ない。顔《かお》も上《あ》がってしまう

POINT

①ヒジが真《ま》っすぐになった瞬間《しゅんかん》にボールを放《はな》す

②スナップをきかせて投《な》げましょう

問題《もんだい》

41

中級《ちゅうきゅう》

指先《ゆびさき》までボールに力《ちから》を伝《つた》えるためには、ボールをどちら向《む》きに持《も》つ?

1 内向《うちむ》き

2 外向《そとむ》き

ヒント

hint

手首《てくび》を振《ふ》りやすいのはどちらでしょう。

41の答《こた》え ▸ 2 外《そと》向《む》き

なんで

手首《てくび》のひねりを使《つか》うため

　ボールを内側《うちがわ》に向《む》けて握《にぎ》って投《な》げると、スナップがききません。外側《そとがわ》に向《む》けて握《にぎ》ってから振《ふ》り切《き》ると、手首《てくび》のひねりの分《ぶん》だけスナップがきき、指先《ゆびさき》まで力《ちから》を伝《つた》えることができます。

トライ! ワンステップでボールを外側《そとがわ》に握《にぎ》って投《な》げる

132ページの練習《れんしゅう》メニューの発展形《はってんけい》です。1歩《ぽ》踏《ふ》み出《だ》して投《な》げてみましょう。

▲手首《てくび》が内側《うちがわ》を向《む》いていると手首《てくび》のスナップがきかないため、指先《ゆびさき》まで力《ちから》を伝《つた》えきれない

やりかた

ボールは少《すこ》し外側《そとがわ》に向《む》けて持《も》ちます。両足《りょうあし》をそろえた状態《じょうたい》からワンステップで（右投《みぎな》げの人《ひと》は左足《ひだりあし》を1歩前《ぽまえ》に踏《ふ》み出《だ》して）投《な》げます。

POINT

①手首《てくび》のスナップをきかせます
②ボールを放《はな》すのはヒジが伸《の》びた瞬間《しゅんかん》に
③重心《じゅうしん》（おへそ）が進《すす》む感覚《かんかく》を忘《わす》れない

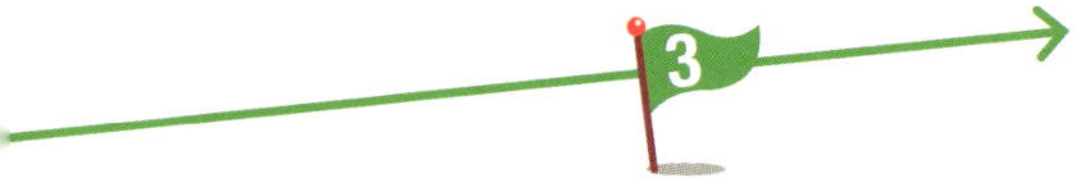

問題《もんだい》
42
中級《ちゅうきゅう》

ジャベリックボールを投《な》げるとき、目線《めせん》はどこに向《む》ける？

ヒント
hint

走《はし》るときは前《まえ》、跳《と》ぶときはジャンプの方向《ほうこう》を向《む》きます。では投《な》げるときはどうでしょうか。

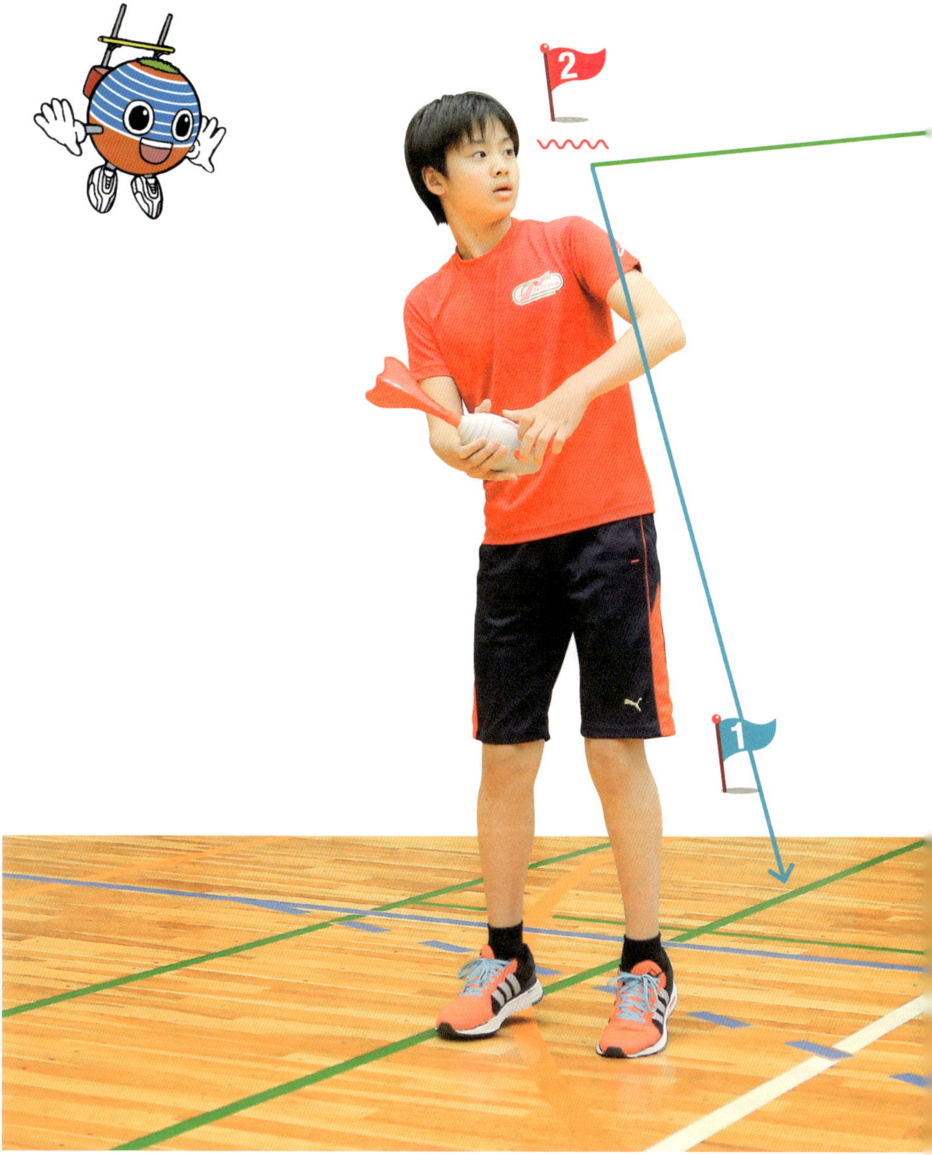

1
首《くび》を振《ふ》って
下《した》を向《む》く

2
力《ちから》を入《い》れて
目《め》をつむる

3
投《な》げる方向《ほうこう》を
見《み》る

答《こた》えがわかったらページをめくってね

42の答《こた》え

▼ 3

投《な》げる方向《ほうこう》を見《み》る

なんで

進《すす》みたい方向《ほうこう》に目線《めせん》を向《む》ける

走《はし》るときも、跳《と》ぶときも、そして投《な》げるときも、目線《めせん》は力《ちから》を出《だ》す方向《ほうこう》に向《む》けるのがもっとも力《ちから》を発揮《はっき》できます。目線《めせん》が動《うご》いてしまうと、力《ちから》も分散《ぶんさん》してしまいます。もちろん、力《ちから》いっぱい投《な》げた際《さい》は頭《あたま》も振《ふ》り切《き》ってしまいますが、助走《じょそう》や投《な》げる直前《ちょくぜん》までは、投《とう》てき物《ぶつ》を投《な》げたい方向《ほうこう》に視《し》線《せん》を向《む》けるようにしましょう。

自分《じぶん》の体《からだ》で一番《いちばん》投《な》げやすいフォームで

ここで覚《おぼ》えた基本《きほん》が大切《たいせつ》ですが、もっとも重要《じゅうよう》なのは「自分《じぶん》の体《からだ》で一番《いちばん》投《な》げやすいフォーム」を確立《かくりつ》することです。基本《きほん》を頭《あたま》に入《い》れながら、体全体《からだぜんたい》をうまく使《つか》って遠《とお》くに投《な》げるように練習《れんしゅう》していきましょう。

ジャベリックボールはたまごを包《つつ》むように持《も》つ

トライ! ジャベリックボールを投《な》げてみよう

実際《じっさい》にジャベリックボールを投《な》げます。これまで、部分《ぶぶん》ごとに覚《おぼ》えたことを、1回《かい》の投《とう》てき動作《どうさ》で意識《いしき》しながら行《おこな》ってみましょう。

POINT

①ボールは外側《そとがわ》に向《む》けて持《も》ちます
②力《ちから》を足裏《あしうら》から体幹《たいかん》、指先《ゆびさき》まで伝《つた》えます
③手首《てくび》のスナップを意識《いしき》します
④視線《しせん》は投《とう》てき方向《ほうこう》へ向《む》けます
⑤フォロースルーまで行《おこな》います

陸上競技《りくじょうきょうぎ》用語集《ようごしゅう》（さくいん）

ア

ウサイン・ボルト……16・18・36・44・89
ジャマイカの選手《せんしゅ》。100メートル、200メートルの世界記録保持者《せかいきろくほじしゃ》

腕振《うでふ》り……42
腕《うで》を脚《あし》とタイミングを合《あ》わせて動《うご》かす。リラックスする

追《お》い風参考記録《かぜさんこうきろく》……14・18
短距離種目《たんきょりしゅもく》で、2.1メートル以上の追《お》い風《かぜ》が吹《ふ》いたときにマークした記録《きろく》。2.0メートルまでは公認《こうにん》される

オンユアマークス……20・96
スタートの号令《ごうれい》で、「位置《いち》について」と同《おな》じ

カ

加速局面《かそくきょくめん》……39・40
30メートルから50メートル付近《ふきん》まで。トップスピードに乗《の》る準備《じゅんび》をする

ギャロップ……70・110
馬《うま》が全速力《ぜんそくりょく》で走《はし》る際《さい》の脚《あし》の運《はこ》びのこと。この動《うご》きをまねしたトレーニングが「ギャロップ走《そう》」

空中動作《くうちゅうどうさ》……105・106・113・114
跳躍《ちょうやく》で、浮《う》いているときにバランスを取《と》ること

クラウチングスタート……23・94
両手《りょうて》を地面《じめん》についてスタートする構《かま》え。スターティングブロックを使用《しよう》する

肩甲骨《けんこうこつ》……58〜60・62
背中周辺《せなかしゅうへん》にある骨《ほね》のこと

減速局面《げんそくきょくめん》……38・40
80メートルからゴールまで。スピードが低下《ていか》していく区間《くかん》。なるべく減速《げんそく》を抑《おさ》える

コオーディネーショントレーニング……50・56・78・102・142
体《からだ》をうまく動《うご》かす感覚《かんかく》を養《やしな》っていくトレーニング法《ほう》のこと

股関節《こかんせつ》……58〜60
足《あし》の付《つ》け根《ね》（骨盤《こつばん》と太《ふと》ももの骨《ほね》の間《あいだ》）にある関節《かんせつ》のこと

骨盤《こつばん》……58・62・63・65・66・68・124
腰まわりにある大《おお》きな骨《ほね》で、下半身《かはんしん》を動《うご》かすために重要《じゅうよう》な部位《ぶい》

サ

重心《じゅうしん》……39・48〜50・56・84・94・125・130・135
体《からだ》の中心《ちゅうしん》で、バランスを取《と》るために最《もっと》も大切《たいせつ》なもの。重心《じゅうしん》を動《うご》かすことで人《ひと》は動《うご》いている

助走《じょそう》……103・105・106・113・114・117〜120・125・138
跳躍前《ちょうやくまえ》や投《な》げる前《まえ》に勢《いきお》いをつけるために走《はし》る動作《どうさ》

スターティングブロック……23・39・94〜96
クラウチングスタートで使用《しよう》する器具《きぐ》。低《ひく》い姿勢《しせい》でとび出《だ》すことができる

スタート……14・19〜23・25・26・37・39・40・72・85・86・95〜98
レースの始《はじ》まり。ピストルの合図《あいず》で動《うご》き出《だ》す

スタート局面《きょくめん》……39・40
スタートしてから30メートル付近《ふきん》まで。大《おお》きな力《ちから》で加速《かそく》する

スタンディングスタート……23

立《た》った状態《じょうたい》からスタートする構《かま》え
ストライド……36
1歩《ぽ》の歩幅《ほはば》のこと
スナップ……129〜132・134・135・139
手首《てくび》をタイミングよく振《ふ》る動作《どうさ》のこと
スプリンター……32〜34・39・92
短距離走者《たんきょりそうしゃ》のこと
接地《せっち》……34・68・71〜73・75・76
足《あし》を地面《じめん》に着《つ》くこと
セット……20・96
スタートの号令《ごうれい》で、「よーい」と同《おな》じ

タ

体幹《たいかん》……58・61・62・64〜66・68・76・77・104・112・128・139
背骨《せぼね》・肩甲骨《けんこうこつ》・骨盤《こつばん》といった胴体《どうたい》、おなかまわりのことを指《さ》し、体全体《からだぜんたい》の中心《ちゅうしん》となる
着地《ちゃくち》……106・113〜118・120
跳躍《ちょうやく》で地面《じめん》に着《つ》くこと
等速局面《とうそくきょくめん》……38・40
50メートルから80メートル付近《ふきん》まで。トップスピードを維持《いじ》する区間《くかん》
トップスピード……38〜40・48・86
最大《さいだい》の速度《そくど》
トラック……11〜14・25・26・108
選手《せんしゅ》が走《はし》る走路《そうろ》のこと。1周《しゅう》は４００メートル
トルソー……28
体《からだ》の胴体《どうたい》のこと。トルソーがフィニッシュラインを越《こ》えた瞬間《しゅんかん》でタイムを計測《けいそく》する

ハ

パワーポジション……34
力《ちから》を一番発揮《いちばんはっき》できる体勢《たいせい》のこと
ピストル……19〜23
スタートの合図《あいず》で使用《しよう》される
ピッチ……36
足《あし》の回転数《かいてんすう》のこと
フィニッシュライン……27・28
ゴールに引《ひ》かれた線《せん》
フォーム……2・36・54・117・138
走《はし》る姿勢《しせい》のこと。個人《こじん》によって理想《りそう》のフォームは違《ちが》う
フォロースルー……128・139
投《とう》てき物《ぶつ》を投《な》げたあとに体《からだ》を止《と》め切《き》らずに勢《いきお》いを残《のこ》す動《うご》きのこと
踏《ふ》み切《き》り……103・106〜108・112〜114・118〜120
跳躍《ちょうやく》で助走《じょそう》からジャンプするために地面《じめん》を蹴《け》って跳《と》び上《あ》がる技術《ぎじゅつ》
踏《ふ》み切《き》り板《ばん》……108・120
踏《ふ》み切《き》りをする板《いた》のこと。ここから記録《きろく》を計測《けいそく》し、越《こ》えて跳躍《ちょうやく》をした場合《ばあい》はファールとなる
フライング（不正《ふせい》スタート）……21〜23
ピストルが鳴《な》るより速《はや》く動《うご》いたり、ピストルが鳴《な》ってから0.1秒未満《びょうみまん》に動《うご》いたりしてしまうこと
妨害《ぼうがい》……26
ほかの選手《せんしゅ》のじゃまをしてしまう行為《こうい》。失格《しっかく》の対象《たいしょう》となる

ラ

リリース……130〜132
投《とう》てき物《ぶつ》から手《て》を放《はな》す動作《どうさ》のこと
レーン……25・26
区切《くぎ》られた走路《そうろ》のこと。

おわりに

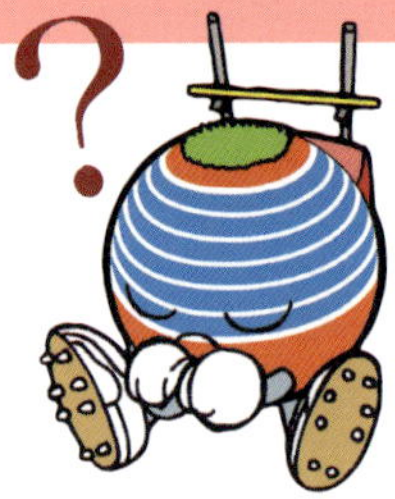

答《こた》えばかりを求《もと》めず、追求《ついきゅう》する楽《たの》しさを知《し》ってほしい

本書《ほんしょ》では、短距離《たんきょり》を中心《ちゅうしん》として「走《はし》る・跳《と》ぶ・投《な》げる」を学《まな》んできました。しかし、テクニックを磨《みが》くような練習法《れんしゅうほう》はそれほど掲載《けいさい》していません。全体《ぜんたい》を通《とお》して、「コオーディネーショントレーニング」の要素《ようそ》を中心《ちゅうしん》に紹介《しょうかい》してきました。

私《わたし》は幼《おさな》いころ、山《やま》を駆《か》けまわり、野球《やきゅう》やサッカーなど球技《きゅうぎ》をして遊《あそ》ぶことがほとんどでした。少年時代《しょうねんじだい》にいろいろな動《うご》きをすることは、体《からだ》をうまく使《つか》うために必要《ひつよう》なことです。最近《さいきん》、子《こ》どもたちは外《そと》で遊《あそ》ぶ機会《きかい》が減《へ》ってきています。そこで、体《からだ》を動《うご》かす楽《たの》しさや感覚《かんかく》を覚《おぼ》えるトレーニングが必要《ひつよう》だと考《かんが》えています。

私《わたし》は2008年《ねん》に現役《げんえき》を引退《いんたい》し、どのように陸上競技《りくじょうきょうぎ》を指導《しどう》すればいいかを考《かんが》えたときに、コオーディネーショントレーニングが大切《たいせつ》だと思《おも》いました。そのころ、徳島大学《とくしまだいがく》の荒木秀夫先生《あらきひでおせんせい》と知《し》り合《あ》い、荒木先生《あらきせんせい》の取《と》り組《く》みや考《かんが》え方《かた》に共感《きょうかん》し、私《わたし》が主宰《しゅさい》するNOBY T & F CLUBでも取《と》り入《い》れました。

このトレーニングは、すぐに結果《けっか》に表《あらわ》れないかもしれません。しかし、将来《しょうらい》、陸上競技《りくじょうきょうぎ》やほかのスポーツを続《つづ》けたとき、必《かなら》ず成績《せいせき》が伸《の》び悩《なや》むときがきます。そのときに、幼《おさな》いころからいろいろな動《うご》きを行《おこな》っていることで、自分《じぶん》の引《ひ》き出《だ》しの数《かず》を増《ふ》やすことができるのです。

また、運動《うんどう》とコミュニケーションは密接《みっせつ》に関係《かんけい》しています。体《からだ》をうまく動《うご》かすことが、言語能力《げんごのうりょく》やコミュニケーション能力《のうりょく》の発達《はったつ》にもつながります。

ただ「足《あし》が速《はや》くなる」だけを求《もと》めるのではなく、スポーツ本来《ほんらい》の楽《たの》しさである、「体《からだ》を動《うご》かすこと」の感覚《かんかく》を大切《たいせつ》にしてほしいです。答《こた》えばかりを求《もと》めず、成長《せいちょう》していく“過程《かてい》”を楽《たの》しんでください。

朝原宣治《あさはらのぶはる》

●著者《ちょしゃ》　朝原宣治《あさはらのぶはる》

1972年《ねん》6月《がつ》21日《にち》、兵庫県《ひょうごけん》生《う》まれ。大阪《おおさか》ガス所属《しょぞく》。中学時《ちゅうがくじ》代《だい》は強豪《きょうごう》ハンドボール部《ぶ》に所属《しょぞく》し、高校入学後《こうこうにゅうがくご》に陸上《りくじょう》を始《はじ》める。高《こう》3のインターハイで走幅跳《はしりはばとび》において優勝《ゆうしょう》。93年《ねん》に100mで10秒《びょう》19の日本記録《にほんきろく》（当時《とうじ》）をマーク。その後《ご》、96年《ねん》に10秒《びょう》14、97年《ねん》に日本人初《にほんじんはつ》の10秒《びょう》0台《だい》となる10秒《びょう》08をマークし、計《けい》3度《ど》日本記録《にほんきろく》を更新《こうしん》した。世界大会《せかいたいかい》にも数多《かずおお》く出場《しゅつじょう》し、2008年《ねん》北京《ぺきん》五輪《ごりん》では、4×100mリレーのアンカーとして銅《どう》メダル獲得《かくとく》（銀《ぎん》メダルに繰《く》り上《あ》げの見《み》通《とお》し）に貢献《こうけん》した。引退後《いんたいご》は、大阪《おおさか》ガス陸上競技部《りくじょうきょうぎぶ》コーチとして江里口匡史《えりぐちまさし》らを指導《しどう》するかたわら、主宰《しゅさい》の『NOBY T&F CLUB』で、小学生《しょうがくせい》からアスリートコースまで幅広《はばひろ》く指導《しどう》。16年《ねん》から日本陸連《にほんりくれん》ダイヤモンドアスリートのプログラムマネジャーも務《つと》めている。自己《じこ》ベストは100m＝10秒《びょう》02（日本歴代《にほんれきだい》3位《い》）、走幅跳《はしりはばとび》＝8m13（日本歴代《にほんれきだい》5位《い》）、4×100mリレー（4走《そう》）＝38秒《びょう》03（日本歴代《にほんれきだい》2位《い》）。

●コオーディネーショントレーニング執筆協力《しっぴつきょうりょく》

荒木秀夫《あらきひでお》（国立大学法人徳島大学教授《こくりつだいがくほうじんとくしまだいがくきょうじゅ》）

●撮影協力《さつえいきょうりょく》

NOBY T&F CLUB

ヘッドコーチ 荒川大輔《あらかわだいすけ》

コーチ 的場葉瑠香《まとばはるか》

山口葵《やまぐちあおい》　中道《なかみち》ゆず　河野稜大《こうのりょうた》　半代仁《はんだいじん》

足立望萌《あだちもも》　吉森《よしもり》あかり　八田駿俊《はったしゅんすけ》　野村光希《のむらこうき》

デザイン／有限会社ライトハウス
黄川田洋志、井上菜奈美、
藤本麻衣、山岸美菜子
明日未来（おおきな木）
イラスト／丸口洋平
写　真／毛受亮介
編　集／向永拓史
有限会社ライトハウス
佐久間一彦、松川亜樹子

クイズでスポーツがうまくなる

知《し》ってる？ 陸上競《りくじょうきょう》技《ぎ》 走《はし》る 跳《と》ぶ 投《な》げる

2017年9月20日　第1版第1刷発行

著　　者／朝原宣治《あさはらのぶはる》
発 行 人／池田哲雄
発 行 所／株式会社ベースボール・マガジン社
〒103-8482
東京都中央区日本橋浜町2-61-9 TIE浜町ビル
電話　　03-5643-3930（販売部）
　　　　03-5643-3885（出版部）
振替口座　00180-6-46620
http://www.bbm-japan.com/

印刷・製本／広研印刷株式会社

ISBN978-4-583-10953-4 C2075